高效放松

[日]桦泽紫苑◎著
张铃 张旭◎译

中国出版集团
中译出版社

图书在版编目（CIP）数据

高效放松 /（日）桦泽紫苑著；张铃，张旭译.—北京：中译出版社，2024.6
ISBN 978-7-5001-7845-3

Ⅰ.①高… Ⅱ.①桦… ②张… ③张… Ⅲ.①放松（体育）—通俗读物 Ⅳ.①G808.1-49

中国国家版本馆CIP数据核字（2024）第077468号

MAINICHI WO TANOSHIMERU HITO NO KANGAEKATA
Copyright © 2022 by Shion KABASAWA
All rights reserved.
Interior Illustrations by Miki KAMBAYASHI
Interior diagrams by Yoshiaki IGARASHI (LUNATIC)
First published in Japan in 2022 by Kizuna Publishing.
Simplified Chinese translation rights arranged with PHP Institute, Inc.
through Shanghai To-Asia Culture Co., Ltd.
Simplified Chinese translation copyright © 2024 by China Translation & Publishing House
ALL RIGHTS RESERVED

著作权合同登记号：图字01-2023-3135号

高效放松
GAOXIAO FANGSONG

出版发行	中译出版社
地　　址	北京市西城区新街口大街28号普天德胜大厦主楼4层
电　　话	（010）68359827（发行部）；68357328（编辑部）
邮　　编	100088　　电子邮箱：book@ctph.com.cn
网　　址	http://www.ctph.com.cn
责任编辑	吴　第
排　　版	北京中文天地文化艺术有限公司
印　　刷	北京新华印刷有限公司
经　　销	新华书店
规　　格	889毫米×1194毫米 1/32
印　　张	9.75　　字　　数：217千字
版　　次	2024年11月第1版
印　　次	2024年11月第1次

ISBN 978-7-5001-7845-3　　定价：58.00元

版权所有　侵权必究
中译出版社

前 言

每五个人中就有一个缺少兴趣爱好

你有自己的兴趣爱好吗?
是否每天都有快乐的事情发生?

跟人第一次见面,为了更好进入话题,我经常会问对方有什么兴趣和爱好,结果令人吃惊——很多人会告诉我他们并**没有什么兴趣爱好**。

同样情况下,当我问对方"什么时候最开心?"时,有人会说**"没有开心的事"**或者**"不知道有什么可开心的"**。

漫漫人生,光阴且长。如果一个人在日常生活中几乎感受不到快乐,那么"为何而活"这个问题肯定早已在他的脑中出现过千百回。

我曾经在自己的推特(12.7 万关注)上做过一个关于"兴趣爱好"和"开心的事情"的问卷调查,来看一看具体有多少人的生活里缺少兴趣爱好或者令人高兴的事。在"你有兴趣爱好吗?"这个问题下面,有 79.4% 的人给出了肯定的答案,剩余 20.6% 的人表明自己并没有兴趣爱好;在"有令你开心的事情吗?"这个问题下面,回答"几乎每天都有"的人占 31.8%,"一周内偶尔会有"的人占 42.5%,"一周内几乎没有"的人占 25.7%。

也就是说,**五个人中就有一个是没有兴趣爱好的,四个人中就有一个是不开心的。**

就我自己而言,当被问到兴趣爱好时,我会说喜欢看电影、散步、吃咖喱饭、读书、运动、一边走路一边吃好吃的东西,还喜欢去国外旅游。

很多时候我都会感到开心,比如:写作的时候、一天写完 8000 字的时候、有人告诉我他听取我的建议后状态得到改善的时候、饱睡一觉后醒来的瞬间、品尝心仪威士忌的那一刻、午饭时随机挑选的餐厅意外好吃的时候、得知自己的书再版的时候、上传的视频当天播放量超过 3 万的时候、在桑拿房暴汗的时候……还有不少。

其实,世界上有很多事情都值得开心,我写这本书的初衷就是希望能够帮助大家找到收获开心的方法。

关于"兴趣爱好"和"开心的事情"的问卷调查结果

● **你有兴趣爱好吗?** (参与调查人数 899 人)

有	79.4%
无	20.6%

● **有令你开心的事情吗?** (参与调查人数 449 人)

几乎每天都有	31.8%
一周内偶尔会有	42.5%
一周内几乎都没有	25.7%

资料来源:桦泽紫苑的推特

半数人无法从日常生活中获得快乐

或许有人会觉得仅凭在推特上的问卷调查并不能说明什么问题,那么我们来看看其他调查机构给出的数据。

在博报堂生活综合研究所的调查中(2020年,参与调查人数2597人),"没有兴趣爱好"的人占总调查人数的26.2%,超过四分之一,跟我的调查仅有5.6%的差值,结论几乎可以说是相同的。

此外,在这次调查中,认为自己"有毕生的爱好"的人占35.9%,"受他人影响喜欢上了某件事"或"喜欢运动"的人占23.2%。通过这组数据,我们可以看出,每两个人中大约有一个是执着于自己的爱好且乐在其中的。

一个关于"什么让当代日本人感到开心"的调查("goo调查",有效调查人数30456人)显示:从"享用美食"中感到开心的人最多,达57.5%,紧随其后的是"与人交流",占比53.9%;此外,回答"工作"的人仅有9.8%。

有约半数的人能从"食物"和"与人交流"中感受到快乐与生活的美好,这还是不错的。但是反过来想,**剩下的一半人并没有从中获得快乐,**这也是需要面对的实际情况。

"与家人团聚""跟朋友或者恋人约会吃饭",这类事情并不会每天都发生,所以如果感受不到其中的乐趣,那是非常遗憾的。"饭有什么好吃的,没啥意思""跟亲戚朋友聊天也没啥意思"如果有这种想法的话,精神状态是有些危险的。

吃饭或跟他人交流，这都是日常生活中再普通不过的事情了，能否从这种事情中感受到愉悦，关系到生活的幸福和满意程度，可以说是"幸福人生"的"分水岭"。

● **你是否能从食物、饮料中感受到快乐？**

| 是 57.5% | 否 42.5% |

● **你是否能从与人交流中感受到快乐？**

| 是 53.9% | 否 46.1% |

资料来源：goo 调查
（有效回答数：30456 人）

持续闷闷不乐，小心情绪出问题！

我推荐大家养成一个小习惯——每天结束时把当天发生的最让你高兴的三件事写出来，所谓**"三行积极日记"**。但是有很多人可能会说，"一整天让我高兴的事情都没有三个"或者"都是烦心事，高兴的事一个都没有"之类的，那该怎么办呢。

拿我的患者来说，刚开始写"三行积极日记"的时候，他们一件高兴的事都写不出来，这是正常情况。如果你问他们："你有兴趣爱好吗？"大部分人的回答是否定的。

要知道，兴趣爱好和娱乐活动是可以消解压力的。**对于"没**

有兴趣爱好"或者"不擅娱乐"的人来说，心情无法舒缓，压力无法消解，负担就会层层积累，越来越多。

所以，在我看来，无法享受兴趣和玩乐的人，往往更容易罹患精神上的疾病。

"今天，没有发生一件令人愉悦的事情，这是无聊的一天、困顿的一天、难熬的一天。"

"今天，是难熬的一天；明天，也是难熬的一天；明天的明天，还是难熬的一天……日子一天天地这样过，我怕我最后会讨厌活着。"这种心声似乎可以理解。

如果一件高兴的事都没有，那我们为何而活？

所以我认为：**人生，就是要享受！**

就我自己而言，会不断发现令自己开心的事情，喜欢挑战尝试新的事物。当你发现了兴趣之所在并不断积累，人生会变得无比开心快乐，此言不虚。

我是名神经科的医生，一直希望尽自己所能传播正确的信息来帮助大家预防精神上的疾病，为抑郁症、自杀案例的减少尽绵薄之力。

"**每天都开心！**"很难从这么说的人身上发现较大的压力，他们也不容易跟抑郁症或者自杀扯上关系。相反，"一件高兴的事都没有"的人说不定已经成为精神疾病的潜在目标。

增加一个每天都能感到开心的人，就会减少一个受精神折磨的人。

肯定有读者会觉得奇怪：你一个神经科医生，怎么会写一本讲"兴趣和娱乐的重要性"的书呢？

因为如果兴趣和娱乐能让"每天都开心"的人增加，那么高效放松后压力必然会减少，从而使得可能患精神疾病的人大幅减少。

为了健康幸福的生活，为了不得病、少得病，"开心每一天"这个事情，真的很重要。

那么，如何开心地度过每一天？如何快乐地享受人生呢？方法就在本书之中。

从"忍耐"到"放松"

2021年，伴随着针对新冠疫情各项防疫措施的影响，人们的外出受到限制，见面也不再是轻而易举的事情，还有远程办公和教学等，都给人们造成了或多或少的压力。

像这样"忍耐"着，少外出、少见面也并非坏事。之后，尽管新增确诊可能不会清零，但随着疫苗更广泛的接种和特效药等的研发和使用，死亡者和重症者的数量应该不会超过2021年的峰值了。

我们将超越"忍耐"，进入一个"高效放松"的时代。

以后，当人们谈及新冠疫情的可怕之处时，可能还会有人说"无法和人见面"或"无法外出"。**疫情期间积攒的压力如果得不到释放，恐怕会引发严重的精神问题。**

从一系列引人恐慌的事件中，我们不难看出，这种精神上的危机正在四处蔓延。神经科诊所的预约挂号很多都要排到三个月或者半年以后，这是前所未闻的。

疫情中，我们要超越"忍耐"！

我们要享受，更加开心地过好每一天！

我们要高效放松，更加积极地享受美好人生！

等到疫情消散的那一天，那些想要享乐的人们，是不是可以按自己喜欢的方式开怀玩耍？

如果我们现在不从"忍耐"中发现和进入"放松"模式，应该会招致很多后续问题，这些问题现在已经在发生了。

不仅疫情，地震、洪水、火山爆发等大型的灾害也不断向我们发出危险的信号。

低出生率和老龄化导致人口减少，日本经济的未来飘摇不定。我们生活在这样一个"坏消息多于好消息"且充满不确定性的时代，但即便如此，**我们仍可以凭借自己的力量，不用费太多力气，把每天都过得开心、愉悦、有趣。**

反之，如果我们不积极行动，那么"坏消息"和"对未来的不安"将攻陷我们的精神和心灵。

正是因为我们处在这样一个波谲云诡的时代，我才更想要重申"放松"和"兴趣"的重要性。作为一名神经科医生，我抱着"此时不写更待何时"的想法，在这样一个时点写下这么一本书。

我希望通过这本书，有越来越多的人能够做到高效放松、能够"开心享受每一天"。

神经科医生　桦泽紫苑

目 录

第 1 章

越爱工作，越要放松
正因为是职场人才更需要"玩"

归根结底，"放松"是指什么呢? ……………………… 002
拼命工作仍觉得不幸福的原因 ……………………… 004
为什么不正大光明地休息? ……………………… 008
蚂蚁与蟋蟀，哪个更幸福? ……………………… 010
"工作还是玩?"这种单选题从开始就是错的 ……… 013
不同区域的人对工作的理解天差地别 ……………… 018
"开心"是自己能够控制的! ……………………… 022

章末专栏 【桦泽的"玩"体验】其一

电影 ……………………………………………… 025

第2章 "玩"与"享受"的五大非凡益处

工作能力强的人往往都有全情投入的兴趣爱好	034
从脑科学的角度揭秘为何"懂得享受的人更能获得成功"	036
长时间的"辛苦"会导致能力下降	040
越努力越得不到晋升的原因	043
如何应对"不管怎样工作都不开心"	045
终极成功法则	047
"玩"的五大非凡益处	052

【玩的非凡益处】①
锻炼创造力 ········· 054

【玩的非凡益处】②
提升各项工作能力 ········· 061

【玩的非凡益处】③
培养竞争力 ········· 066

【玩的非凡益处】④
有益身心健康 ········· 070

【玩的非凡益处】⑤
感到幸福 ········· 080

章末专栏【桦泽的"玩"体验】其二

汤咖喱 ········· 087

第3章

玩的六大"乘法"
享受生活兼顾自我成长

"好玩法"和"坏玩法" ········· 092
三种幸福 ········· 095
"好玩法"的四个标准 ········· 098
"坏玩法"的五个特征 ········· 104
玩的六大"乘法",玩得开心,玩得尽兴 ········· 114
乘法 1 ········· 115
玩 × 输出 边玩边成长 ········· 115
乘法 2 ········· 129
玩 × 放松 利用副交感神经完全放松身心 ········· 129
【放松型娱乐】
第一名 泡澡 ········· 138
【放松型娱乐】
第二名 交流沟通 ········· 142

【放松型娱乐】

第三名　日记、自由书写 144

乘法 3 148

玩 × 陪伴　利用催产素变幸福 148

乘法 4 156

玩 × 时间管理　为了玩要高效利用好时间 156

【玩的时间管理 1】

带着目的玩 157

【玩的时间管理 2】

利用碎片时间 158

【玩的时间管理 3】

15 分钟任务 159

【玩的时间管理 4】

给工作设定截止时间 161

【玩的时间管理 5】

玩的日程化 162

【玩的时间管理 6】

建立"待玩清单" 163

乘法 5 165

玩 × 挑战　边享受边建立自信 165

乘法 6 173

玩 × 运动　边享受边恢复身心健康 173

【如何养成锻炼的习惯 1】

每天晨起散步 5 分钟 181

【如何养成锻炼的习惯2】
加快日常行走步伐 ································ 182
【如何养成锻炼的习惯3】
找到最适合自己的运动项目 ················· 184

`章末专栏` 【桦泽的"玩"体验】其三 ············ 186
读书 ·· 186

八大诀窍
带你提升脑力

玩得对,就能提高脑力 ···························· 194
玩的诀窍1 ··· 195
体验感动 用感动的体验为大脑创造新的回路! ··· 195
感动体验型娱乐前三名 ···························· 199
【感动体验型娱乐第一名】
享受故事 ·· 199
【感动体验型娱乐第二名】
现场活动 ·· 202

【感动体验型娱乐第三名】

艺术——美术鉴赏 ·········· 206

玩的诀窍 2

沉浸其中 主动式休闲创造心流状态 ·········· 209

玩的诀窍 3

开动脑筋 "稍微加一点儿"就能享受创意的乐趣！ ·········· 217

玩的诀窍 4

不花钱 通过一点儿挑战来创造快乐 ·········· 225

【今天就可以开始的生活小确幸】①

豆苗花园 ·········· 225

【今天就可以开始的生活小确幸】②

小奢侈，大提升 ·········· 228

【今天就可以开始的生活小确幸】③

增加配菜 ·········· 231

玩的诀窍 5

社交 利用社群，战胜孤独 ·········· 235

玩的诀窍 6

控制力 既要玩，又要避免过度依赖 ·········· 249

如何面对容易上瘾的事物①

避免手机上瘾 ·········· 251

如何面对容易上瘾的事物②

避免饮酒上瘾 ·········· 254

如何面对容易上瘾的事物③

享受视频而不过分沉迷 ·········· 259

玩的诀窍 7

活到老，玩到老　健康长寿，快乐生活 ········ 266

老年人的玩法　第 1 位　运动，让身体动起来 ········ 269

老年人的玩法　第 2 位　输出（主动式休闲、输出型娱乐）··· 270

老年人的玩法　第 3 位　一起来，预防孤独 ········ 272

玩的诀窍 8

挣钱　边玩边挣钱，其乐大于天 ········ 273

| 章末专栏 |【桦泽的"玩"体验】其四 ········ 282

威士忌 ········ 282
尾声 ········ 289

一页读懂本书结构

总论·引入

第 1 章
越爱工作，越要放松
- 本书中"玩"的定义
- 日本人"玩"的现状
- 日本人与欧美人眼中"玩"的差别

第 2 章
"玩"与"享受"的五大非凡益处
1. 锻炼创造力 2. 提升各项工作能力 3. 培养竞争力
4. 有益于身心健康 5. 感到幸福

分论·方法论

第 3 章
玩的六大"乘法"
享受生活兼顾自我成长
1. 玩 × 输出 2. 玩 × 放松 3. 玩 × 陪伴
4. 玩 × 时间管理 5. 玩 × 挑战 6. 玩 × 运动

第 4 章
八大诀窍带你提升脑力
1. 感动 2. 沉浸其中 3. 开动脑筋 4. 不花钱
5. 社交 6. 控制 7. 活到老玩到老 8. 挣钱

第1章

越爱工作，越要放松

正因为是职场人才更需要"玩"

归根结底,"放松"是指什么呢?

对于享受人生来说,"放松"这件事是不可或缺的,但是每个人对"放松"的印象各不相同,甚至可以说大相径庭。

比如说,躺在沙发上什么都不做、泡个澡舒服一下、晨起锻炼,这些算不算"放松"呢?

本书想要深入彻底地讨论"玩"和"放松"这类事,所以在这里有必要对"放松"下一个定义。

我认为"放松"的定义是**"工作以外的开心的活动"**。换句话说,在非工作时间内发生的令人感到开心的活动,我认为都是"放松",也可以称之为"玩"。

躺在沙发上什么都不做、泡澡等休闲类活动,晨起散步、健身、慢跑等运动类活动,都可以是"玩"。如果能够呼呼大睡个痛快,度过愉快的时间,也可以说是"玩"。

洗碗、打扫房间,从这类事中如果感受不到开心,当然不能说是"玩",但如果可以享受洗碗和打扫的过程,那么做家务也可以变成一种"玩"。

另外,如果可以把工作视作游戏,充分享受工作,那么连工作都可以理解成"玩"。

不过，为了理解方便，我们将每天的生活划分为"工作"与"玩"两大部分。

如果你觉得"每天上班很累""工作好烦"或是"职场的人际关系很复杂令人疲倦"，**可以每天"玩"几个小时，就能很好地舒缓压力，恢复活力。**

本书将向你介绍一系列在玩中高效放松的方法。

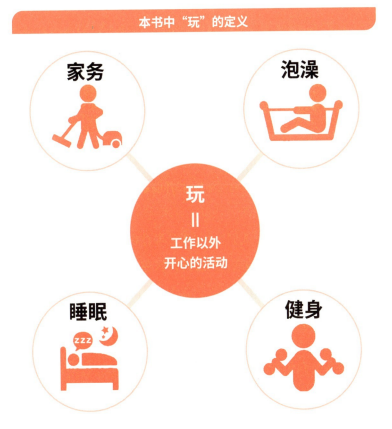

本书中"玩"的定义

家务　泡澡　睡眠　健身

玩 ＝ 工作以外开心的活动

第1章　越爱工作，越要放松

拼命工作仍觉得不幸福的原因

在一项关于男性平均每日工作时长的世界排名中,日本情况最差,位居倒数第一。

根据OECD(经济合作与发展组织)的数据,日本男性平均每日工作时长是375分钟,比平均值的259分钟多116分钟。也就是说,日本男性每天要多工作两小时,这就是日本的现状。

日本是世界上工作时间最长的国家。

很多数据表明,加班时间增加,睡眠时间就会减少;余暇时间减少,人们花在休息与休闲上的时间就会减少。

因为休息、睡眠不足,头脑与身体到第二天也很难百分百恢复到最好的状态,于是,人们不得不继续带着疲惫的身体工作。

睡眠时间被侵占的话,第二天人的注意力、工作效率会显著降低。 假设工作效率降低30%,那么完成同样的工作,就需要增加30%的时间。

即使强制职员加班,完成的工作总量不但没有增加,反而会让职员因为疲劳造成注意力与生产效率低下,只能拖拖拉拉地长时间待在公司而已。公司业绩得不到增长,工资想必也上涨不了，于是再怎么工作，也得不到幸福。

很多企业和职员就陷入了这样的恶性循环中。

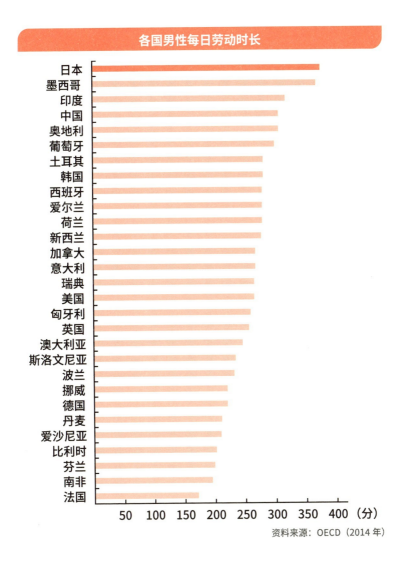

资料来源：OECD（2014 年）

资料来源:OECD(2016年)

减少加班、鼓励准点下班、提高工作效率,这样短而集中精力地工作,能够同时提高工作的质量与数量,那么作为结果,公司的业绩也会有所提升。即使工作时间短了,但只要能集中精力就能提高效率。实际上,自从"工作方式改革"以后,有很多公司通过减少加班时间、减少工作时间提高了工作效率,提升了业绩。

努力工作也得不到幸福的根源在于"效率低下",这也是为什么要用"更多的劳动时间"来进行补偿。**针对工作方式效率低下这一问题,最终解决方案不是"延长工作时间",而是"高效放松"并"通过玩恢复活力"。**

职场人士容易陷入的恶性循环与良性循环

● **恶性循环**

● **良性循环**

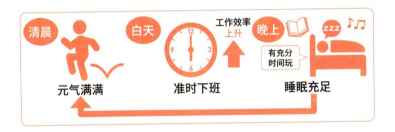

为什么不正大光明地休息?

根据 Expedia(美国著名在线旅游公司)的调查(2019年),在日本,带薪休假的落实率为 50%,是参与调查的 19 个国家中最低的。相比之下,世界幸福度连续四年排名第一的芬兰,带薪休假的落实率是 100%。

另外,带薪休假落实率最低的日本的幸福度排名是第 56 位。仅仅从这一数据,虽然不能说"带薪休假取得率与幸福度直接相关",但是我觉得有相当大的关联。

因为,**如果可以自由支配时间,压力就可以大幅减少,每天就能过得更轻松。**

工作方式改革以后,带薪休假成为一种应尽义务,但是即使如此,也并不是所有人都能把假休完。

根据各种调查结果,提及不申请带薪休假的原因,很多人给出了"为了职场氛围"或者"留给生病之类的时候"等理由。

"休息"绝不是坏事。通过"休息",人能够完全放松、恢复,以 100% 的效率完成第二天的工作,张弛有度,从而更能努力工作。

加班到很晚,挤占睡眠时间,会导致第二天的工作效率降低。这样反而对企业不利,因为这样的职员,和熬夜看剧或打游戏而睡眠不足的职员没有区别。

我希望尽己所能,让更多的人知道,"放松""玩"是为了提高工作效率,而非没有必要的事情。这正是身为神经科医生的我写这本书的目的之一。

可惜,如今还有一些领导,抱有一种不科学的上个时代的"毅力论",他们责怪下属"没有毅力!""这点儿小情况,应当用意志来克服!"这种观点毫无逻辑。被这些领导所苦的员工很多,他们向我倾诉了许多苦衷。

休息能够使效率上升。倘若所有人都能达成这个"共识",那么员工在申请带薪休假的时候,上司就不会再皱眉头了吧。

虽然已经公布的工作方式改革和相关法律规定了人们享有获得带薪休假的权利,但是现实并没有发生多大变化。我想要通过本书,让更多的人知道放松与玩的巨大优点和重要性,从而改变社会现实。我相信,人们能更加积极地看待放松与玩。

蚂蚁与蟋蟀，哪个更幸福？

蚂蚁与蟋蟀

> 夏天的时候，蚂蚁们为了储备冬天的食物，没有玩的时间，每天都在忙碌工作。同时，蟋蟀拉着小提琴，唱着歌，快乐地度过每一天。
>
> 最后冬天来了。那个冬天，传染病大流行，蚂蚁和蟋蟀都死了。
>
> 虽然蚂蚁有着大量的储备，但是没能用上，之前每天持续工作，也完全没有享受过闲暇，而蟋蟀每天快乐地生活。你觉得哪种人生更幸福呢？你更想过哪种人生呢？
>
> ——桦泽自创故事

在《伊索寓言》中，这个故事是另一番样子，冬天来了，没有积蓄的蟋蟀饿死了，而有储备的蚂蚁丰足地度过了冬天。我非常厌恶这则寓言。

为什么呢？因为我看到了太多人老想着"先苦后甜"，把有乐趣的事情推迟到后面去做，到最后也没有享受到乐趣。

"先苦后甜"还是"及时行乐"呢?

我曾接待过一位患者,他是某所学校的校长,为地区与社会做出了很多贡献,人品也备受认可、尊重。他本想着"60岁退休之后就可以安享老年生活",但是刚退休,就患上了阿尔茨海默病。我接诊他的时候,63岁的他已经是重度的阿尔茨海默病患者了。

究其原因,他的人生一直是"为了工作而活",所以退休后丧失了"人生目标",陷入了"无力状态",被阿尔茨海默病乘虚而入。

我看过太多患者,他们都是工作狂人,一心扑在工作上,拼命努力,承受了巨大压力,最后患上抑郁症,无法"享受人生",这样的人我见了太多。

如果不是"先苦后甜",而是"及时行乐"就好了。

不,不是"及时行乐",而是可以"适时放松"的话,那么我想,一定可以解除压力,转换心情,恢复活力,得到治愈,难以患上精神疾病或者因不好的生活习惯而得的病……

我的朋友K非常喜欢出国旅游,但是由于工作太忙,他好几年都没有去国外旅游。我建议他,"出国旅游只有在健康的时候才能去,趁着现在能去就去吧!"但是他说,"退休以后就能想怎么旅游就怎么旅游了,我现在打算努力工作"。

后来他患上耳疾,乘飞机时内耳不能调整气压,耳朵会发生耳鸣,还会伴随无法忍受的疼痛。医生也无计可施。也就是说,K再也不能坐飞机了,更别提去国外旅游了。

忍耐——忍耐——忍耐,最后再追求快乐,但凡在忍耐的过程中出了什么意外,享受人生就成了虚妄之谈。

今天立刻能够享受的事情,难道不是立刻享受才好吗?

一味在无尽的忍耐中工作,把"享受乐趣"这件事无限推迟,这是蚂蚁的生活方式。

"享受现在""享受今天",享受每一天度过人生。这是蟋蟀的生活方式。

到底哪种活法,才是更幸福的呢?

你想要度过怎样的人生呢?

"工作还是玩?"
这种单选题从开始就是错的

日本的商业圣手中内功先生在"二战"后日本超市的黎明期,参与建立起了"大荣株式会社",他可谓是日本流通革命的旗手,更是日本最成功的经理人之一。

2001年,79岁的他因公司经营的恶化辞去了董事长一职。当时采访的记者问他,"今后有什么想做的事情?"他的回答是"跑一遍66号公路①"。

我在芝加哥留学期间(2004~2007年),和朋友夫妻两人一起花了2周时间横穿了半个美国,从芝加哥到黄石国家公园,途中走了一段66号公路。那是段让人印象深刻的旅途,所以,我理解中内先生想"跑遍66号公路"的想法,希望他能实现这个梦想。

几年后,中内先生去世,享年83岁。看到那个新闻的时候,我心想,不知道他有没有跑遍66号公路呢?然后立刻在网上检索了相关资料,找到了关于中内先生的采访报道。报道里说,中

---

① 译注:20世纪美国的著名公路,曾被称为"美国主干道"。

内先生尽管在82岁获得了驾驶执照，但是他又说："虽然梦想是跑遍美国的66号公路，但是现在家人不让我碰车子。"跑完66号公路全程最多只需要一个月时间，只要中内先生不执着于全程自己开车，应该能够成行吧。

中内先生对日本经济的增长有很多贡献，他的功绩非常伟大，但是连他都不能实现自己的"小小梦想"，这样的人生真的快乐吗？一想到这里，我会感到十分落寞。

"把想做的事情放到将来去做，以后再享受"，这么想的话，人生可能就会错过很多。

蚂蚁＝日本人，蟋蟀＝美国人

2004年开始，我在美国芝加哥的伊利诺伊大学精神科学习并工作了3年，积累了各种各样的经验。

那时候我觉得，**日本人是典型的"蚂蚁"，而美国人是典型的"蟋蟀"**。

日本人非常喜欢为了将来而储蓄，而且不喜欢花钱。据统计，日本人的现金、储蓄有1056.7兆日元（2021年），已经达到历史最高水平。粗略以1.2亿人口来相除，每个人平均有880万日元的储蓄。

但是，钱如果不用的话就一文不值。

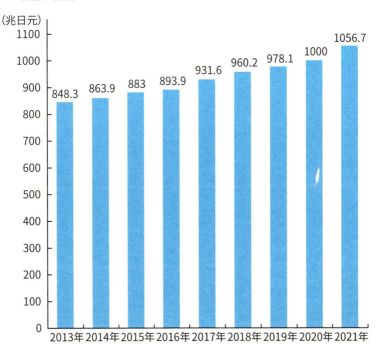

日本的现金、储蓄总额一直在增加

● 现金、储蓄

资料来源：日本银行（以上为各年度第一季度的数据）

虽然日本人收入不错，但是他们只储蓄不消费，导致钱在市场上不流通。也就是说，储蓄成为日本通货紧缩、经济停滞的一个原因。

美国人则是享受当下。这是非常好的习惯。要是有想要的东西，美国人会"马上去买"，不纠结。也有很多美国人会用信用卡尽可能多地提前消费。

美国信用卡负债总额达到了1兆美元（约100兆日元）。用这个数略除以美国人口，相当于每个人负债30万日元。另外，加上房贷、学费贷款等等贷款，人均负债总额达到14万美元（40~50多岁人的平均值），也就是1400万日元的负债。

拿人均负债1400万日元的美国人与人均储蓄880万日元的日本人做比较，美国人像"蟋蟀"，日本人像"蚂蚁"。

那么，哪个国家的人更幸福呢？

日本人和美国人都过于极端，因此，中间派比较好。 以防万一，建议持有适量的储蓄。但是，想要的东西买下便是，投资自己，将钱花在体验与学习上最好。

享受现在。吃好吃的东西，体验美妙的经历，一边斗志昂扬地工作就好。**忍耐与辛劳都是没有必要的。任何人都可以快乐地度过每一天。**

这是多么精彩的人生啊！

蚂蚁和蟋蟀，谁的人生比较好呢？结论非常简单。**每天一边享受生活，一边"冲冲冲"地工作！**

这是最好的方式。

蚂蚁还是蟋蟀？工作还是玩？我虽然提出了一个单选题，但是这个想法一开始就是错误的。

"玩"的人能通过"工作"拿出结果。

通过玩，人能够消除压力、恢复活力、得到放松、转换心情，第二天能够毫不疲劳地拿出 100% 的精力高效率工作！

也就是说，工作与玩，是能够两者兼得的。

但是，这需要下功夫。工作和玩两不耽误，这是一种贪心的、奢侈的，同时也是最幸福的生活方式。本书的目的就是，传授给读者这种看上去不可能实现的生活方式。

不同区域的人对工作的理解天差地别

欧美人喜欢享受假期。对欧美人来说，夏季休假一个多月，再平常不过了。在芝加哥留学的时候，我们研究室的大多数人在夏天都休过两个星期以上的长假。

为什么欧美人对休息、玩乐如此积极，而日本人却对休息感到如此罪恶呢？

那是因为，**对基督教徒来说，工作是一种"惩罚"**。人类的祖先亚当与夏娃住在伊甸园中，那里一年四季树上都挂着果实，餐食无忧，没有必要工作。

然而，夏娃吃了"禁果"，激怒了神，与亚当一起被从伊甸园中赶了出去。神赐予亚当"劳动的苦楚"，夏娃"怀胎的苦楚"，作为"惩罚"。

也就是说，在基督教徒的眼中，工作是神给的"惩罚"。

那么，日本人是如何看待工作的呢？

你知道吗，日本神话中的主神，也是

亚当和夏娃被逐出伊甸园
（意大利画家马萨乔《逐出伊甸园》）

日本人的祖先"天照大神"是有工作的。天照大神的工作是"机器织布"。

不仅如此,"高天原"① 的所有神仙都有工作。也就是说,神仙们也各司其职,劳动不止。这就是为什么日本人普遍认为"劳动是神圣的"。收获节等庆典至今还被作为一种祭祀神的仪式进行。

另外,日本江户时代有一句俗话叫"钱不过夜",即当天赚的钱当天花干净,不留到第二天。江户人似乎极度坚持着"活在当下""今朝有酒今朝醉"的生活信条。

从明治到昭和,再到后来的太平洋战争,日本政府一直倡导质朴、简约、勤勉的生活,呼吁人民为了国家而工作,举国上下都宣传"以存钱为荣"的口号。我认为,这些事件对今天也有影响。

追溯过去,在昭和时代的"高度增长期",大家的工作与收入成正比,物质极大丰富起来。每个日本国民都切实感受到了"经济增长"带来的幸福感,在这样的时代,工作应该是快乐的。

综上所述,"工作"与"放松"的价值观是随着时代变化而变化的。

而现在,我们应该如何度过呢?经历了疫情,我们开始重新思考"与家人共处的时间""自由的时间""工作方式"等话题。

---

① 译注:在日本神话传说中,众神所居住的天上世界,类似我们中国人讲的"天庭"。

随着时代变化而变化的工作与放松的价值观

时代	价值观
日本神话	神仙们都有各自的工作,劳动是神圣的
江户时期	"钱不过夜",极度享受当下的生活
明治时期	将质朴、勤俭、节约、储蓄等视为美德
高度增长期	工作越多收入越多,物质生活变得丰富的"劳动快乐"的时代
如今	每个人考虑工作与放松的平衡,追求理想生活方式的时代

工作与放松应当平衡。工作的意义是什么?放松的意义是什么?为了活出理想的人生,人们有必要思考并调整两者间的平衡。

那么,如何调整,我们才能得到幸福呢?本书的目的之一,就是给大家提建议,帮助大家高效放松。

美国人经常使用"Have a good time!"这个句子,它是问候的社交辞令,直译就是"愿你度过一段美好时光"的意思。

在美国时,工作结束后,如果我说"我今天想去看电影",一定会有人和我说,"Have a good time!"星期五的傍晚,离开职场之后,也一定会有好几个人和我说"Have a good time!"

英语中，"愿你度过一段美好时光"是一种日常打招呼的方式，暗示了度过一段好时光、享受生活对人生来说是非常重要的事情。

另外，人们也经常使用"enjoy"（享受）这个词。用法就像"难得参加个派对，玩得不开心就亏了"一样。"开心"是被动的，"享受"是主动积极的。同样是参加派对，同样是度过时间，以享受的姿态参加更好。在派对里，如果我一个人寂寞地喝着啤酒，一定会有人来劝我，"要更加享受派对哦！"

美国人对"享受"这件事非常积极，非常"贪图享受"。 他们有一种"每天都要更开心一点"的心态。我认为，这是件非常好的事情。

亚洲人经常把"没什么开心的事情"挂在嘴边。这完全是"被动""等待"的表达方式。自己不主动找乐子，等着开心的事情自己上门，怎么可能呢。

没有必要对玩感到罪恶，应该多享受一下，甚至可以贪心一点。

"开心"是自己能够控制的!

我每天都会收到很多人的提问:"我正在为职场的人际关系而烦恼""我想知道改善职场复杂、纠结的人际关系的方法"等。

对于这些,其实有终极的解决方法。那就是——**无视职场人际关系,享受"下班以后"的生活!**

这就可以解决一切问题。

虽然有很多以改善职场人际关系为主题的书,但是想要完全解决职场人际关系中的实际问题,几乎是不可能的,至少也需要花费非常多的心力与时间。

职场的人际关系是很难通过个人的努力来改善的,这是"自己不能控制"的领域。

在职场中,工作时间不能做和工作无关的事情,这是理所当然的。所以,工作时间是"自己不能控制"的时间带,为此压力大也很正常。

但是,**工作结束之后做什么是个人的自由。**

马上回家,去健身会所,还是和朋友去喝酒,或是去看电影,这是自己能够选择的。下班以后时间的使用,是"自己能够控制"的领域。

可以控制的时间与不能控制的时间

工作时间	下班以后
○ 自己不能控制 ○ 必须工作 ○ 压力山大	○ 自己能够控制 ○ 干什么都可以 ○ 没有压力 （或者说是消除压力的时间）

以畅销书《被讨厌的勇气》而闻名世界的积极心理学认为，不要去烦恼或试图改变自己不能控制的事情，而更应该将精力放在自己能控制的事情上。

"操控职场"这种事，吃力不讨好，既费事又费力，是一件辛苦的事情。然而，只要你心里想着：**"享受下班以后"，那从今天开始就能做到。**

你还会刻意去控制不能控制的职场吗？还是选择在能够控制的时间里，做喜欢的事情，享受人生呢？

哪一种比较轻松快乐，答案一目了然。

下班以后的时间

会有人说，"我们公司每天都加班，没有自由时间"。即使如此，通勤时间和回家后的几个小时总归应该是"自由时间"吧。

那么这种自由时间，应该如何使用呢？

很多人说"没有时间"，但是在很少的时间里，人们是怎么使用"宝贵的自由时间"的呢?

不可思议的是,很多人把这非常珍贵的自由时间,浪费在智能手机和电视机上。另外,也有不少人回到家里会"想起工作中的失败而沮丧""想起对自己吹牛的 A 君而生气"或"想到明天又要工作,就感到厌倦"。

"下班以后"完全是你可以控制的时间带,因此,为什么要反复回忆负面记忆,让自己陷入不安、气愤或者失落的心情中呢?

这完全就是在浪费生命嘛。

"下班以后"是可以控制的时间,是宝贵的自由时间,应该用在"享乐"上。

工作以外的时间,都建议用在享乐上。

【桦泽的"玩"体验】其一

电影

本书是从脑科学角度分析"玩""放松"的效用,但是也会有人想知道我的兴趣爱好吧。

我对兴趣的热衷,对现在的自己有什么样的影响呢?结论是**"人生必需的事项都是从玩中学到的"**。

看电影是一种非常优质的消遣方式。我最大的兴趣爱好,就是看电影。看电影的时候,人可以忘记所有烦人的事情,投入电影的世界;可以体验未知的世界,享受与自己完全不同的异样人生。

🎬 我喜欢科幻剧!

要问我沉迷电影的原因,回想起来,可以追溯到海外电视剧。小学的时候,电视台每晚5点开始播放《星舰迷航记》《迷之圆盘UFO(不明飞行物)》《太空:1999》《猩球崛起》等科幻剧集。这些都是一集就结束的电视版,总会让我感到"有趣!""为什么这么有意思!"

每天到了下午5点,我就雷打不动地坐在电视机前,兴致勃勃地看着。

六年级的时候,动画片《宇宙战舰》非常流行,学校里处处都有人谈论,但是不知道为什么,我完全没有兴趣。电视版至今一集都没有看过。之后,《机动战士高达》风靡一时,相关的玩具、模型当时火得一塌糊涂,但是我对此也没有什么兴趣。

和荻野昌弘先生的相遇

父亲热爱电影,这应该也影响了我很多。我和父母一起在电视上看过很多外国电影。从小学六年级左右开始,我着迷于外国电影剧场节目,周一、周三、周五、周日,几乎所有的片子都看了。中学的时候,我不再局限于科幻电影,成为一名对各种电影都来者不拒的"电影少年"。

当时,电视里的进口电影剧场开始之前的几分钟,会有电影评论家作解说。那是淀川长治先生、水野晴郎先生最活跃的时期,我是"周一上映"节目荻野昌弘先生的粉丝。他的评论给人的第一感觉是简单易懂,他总是用淡然而温柔的语调将电影娓娓道来。

尽管当时的我还只是小学生,却依然觉得荻野昌弘先生很厉害,想成为那样的人。这是我想成为电影评论家的缘起。

小学六年级的生日,父母给我买了磁带录音机作为礼物。要说用这个录音机干了什么,我把荻野昌弘先生的电影解说录了音。

荻野昌弘先生"明白易懂的电影解说"的秘密在哪里呢?为了弄懂这件事,我把他的解说听写下来,研究他是怎么说的。

初一的时候,北海道新闻社在札幌主办了荻野昌弘先生的演讲会。

报纸刊登了抽选几百个热心读者免费参加活动的广告，我的心情非常激动，于是花光了零用钱，买了30张明信片参加抽奖，抽中了2张门票。得以和母亲两人前往道新馆参加荻野昌弘先生的演讲会。

荻野昌弘先生讲了他当时新看的电影——《木屐树》（1978年）。这是一部令人非常感动的作品。我印象最深的是，荻野昌弘先生讲述那部电影时，眼角闪着泪光。第一次参加"演讲会"，被他那动人的话语所震撼，我越发想要成为荻野昌弘先生那样的人！

演讲结束后，荻野昌弘先生离开了讲堂。那个瞬间，我冲向了出口，来到走廊，遇到了正在等电梯的荻野昌弘先生。

"请您给我签名！"荻野昌弘先生听后笑着，爽快地给我签了名。这份签名，至今都是我人生的珍宝。

与《星球大战》的相遇

到了高中，我爱上了《星球大战》。最早是初一时看的《星球大战4：新希望》，虽然当时也觉得非常有趣，但是我并没有特别感动。可能是当时的我还不能理解《星球大战》那深刻的世界观吧！

后来上了初三，我第一次看《星球大战5：帝国反击战》，就被它深深吸引了。虽然影片在梭罗被碳盒封冻之际戛然而止，在当时引起了观众一片嘘声，但是我依然为电影中的大量细节所倾倒，爱上了它。

当时，有一本名为《星球日志》的电影杂志，我非常喜欢。那本杂志有一期刊登了"星球大战粉丝俱乐部 Little Falcon（小猎鹰）"的募集信息。当时，聊起《星球大战》，大部分人谈的是动画，很少有人能够跟我产生共鸣。我想要寻找聊得到一起的同好，于是就加入了粉丝俱乐部。

每个月，粉丝俱乐部都会寄来会刊，里面都是会员的投稿。某月的主题是"让我们来说说梭罗的魅力！"我也寄出了自己的稿子。这是我人生中第一次发表文章，也就是**我第一次的"输出体验"**。

当时，居住在东京的会员每个月都在现实生活中举办例会。我住在北海道，所以没法参加。但是，有一位叫久美的非常热心的粉丝会代表，她会随会刊寄给我两三张便签大小的信，这给了我很多鼓励。

写文章是件开心的事情，而且，文章被人读到更加开心。我自此意识到输出的快乐，所以每个月坚持投稿。这样过了几年，我写文章的能力也有所长进，在北海道也有了热爱星战的伙伴，和他们聊电影成了最开心的事情。

🎬 "电影宅"的高中与大学时代

通过兴趣爱好可以和他人建立羁绊，结交朋友。这是我的一大发现。我自然而然地养成了"看了电影就要写感想"的习惯，不管看什么电影都是如此。

高中的时候，我加入了电影研究会，还制作过微电影，想致敬安德烈·塔尔科夫斯基的《潜行者》，现在想来非常惭愧。

进入大学后，我对电影的爱好进一步升级。因为打工，我有了更多可以自由支配的钱，所以每年在电影院看的电影超过200部。这是个非比寻常的数字。

不单是数量，我每看一部电影都会写观后感，无一例外。"看了电影要立即输出！"我从大学就开始坚持了。

大学期间，我加入了一个社会上的电影同好会——"Movie Fan（电影爱好者）"。这个社团会给会员发会刊，每月发行200册左右。会刊里有个"电影是疗愈"专栏，刊登大家当月观影的感想，也曾刊登过我的投稿。**此后，我开始有意识地以"让更多人读到我的文章"为目标写作**（以输出为前提的开始）。

大学时，我非常喜欢美国电影，对于法国电影与日本电影则不太感兴趣，所以那段时间光看美国电影了。既然是美国电影，理所当然地会出现关于美国历史、文化、宗教、人种的相关内容，比如对犹太人、爱尔兰人以及黑人等的歧视问题。如果不知道这些历史背景，就会对理解电影产生障碍，所以我开始读关于基督教、犹太教等的书籍。

开始创作电影评论

还有一本电影杂志《电影旬报》，我每个月都会向它的"读者电影评论"栏目投稿。这个栏目竞争激烈，每100个人中只有

3个人能被选中。

通过初选的大约有15人，之后再进行二轮选拔，从中脱颖而出的3人才会有机会在该杂志上发表自己的文章。通过努力，我终于通过了选拔，不时能在那本杂志上发表文章。文章第一次成功刊登时，我高兴极了，那是篇关于《毒魔复仇》（1984年）的影评，当年我19岁。

做了医生以后，我保持着每年看约100部电影的习惯，继续写电影评论与研究的文章。虽然初衷不是为了让别人读到，但是也希望能有一些读者。

第一次出版电影相关书籍

1999年，《星球大战1：魅影危机》上映。这是自从1983年《星球大战6：绝地归来》以后时隔16年的新版"星战"系列，一部以"父性"为主题的电影。我非常喜欢，但是大众的口碑并不好。

当时这部电影收到了排山倒海的差评，等待已久的粉丝们的期望太大，所以失望也大。媒体也好，网络也好，充斥着对这部电影的批判，没有一个人对它发表肯定的意见（至少在我所知范围内）。

我是20年以上的星战粉，我想，"一定要将这部电影的有趣之处告诉世界，能这么做的只有我！"于是，我决定写一本介绍《星球大战1：魅影危机》有趣之处的书。

尽管有这个想法，但是当时我在北海道的江差町当医生，完全不认识出版社的人，也不知道怎么出版。

于是我做了一个出版计划。计划的第一步就是要把书写出来。我休一个星期的假，坐在房间里写出了250页的"大作"，然后把它寄给了出版电影书籍的出版社。虽然当时希望渺茫，但我像是有一种使命感，觉得自己必须要写这样一本书。

我本想着先问20家出版社，能找到哪怕一家愿意出版的就行，没想到，问到第5个出版社时就有了回音。在那之后，交涉大约持续了一年，我还去东京与编辑见面，在2002年出版了《星球大战新三部曲完全解读本》（三一书房）。这本书就是我的处女作，使我向成为作家踏出了第一步。

出版界有个常识——"电影的书"卖不动。而我的处女作在第三次印刷时卖了6000本。作为无名之辈所写的电影书，可以说是创了销售记录。

以电影为主题来制作邮件杂志

2004年，我到美国芝加哥留学。在那里，我制作了《在芝加哥用精神医学分析电影》的邮件杂志[1]，用精神医学、心理学来简明解说电影。这个邮件杂志非常受欢迎，订阅者达到了5万人，成为我创作的大本营。

到现在为止，我在2002年出版了关于《星球大战》的书，2012年出版了《父亲消失去哪了》（学艺未来社）以及以"父性"为切入点分析了100多部电影的书——《父灭之刃》（未来印刷），

---

[1] 译注：邮件杂志（Mail Magazine），定期发送类似杂志的内容的邮件。

这本书于 2020 年再次发售。在 2021 年,我还出版了电子书《福音战士的心理学》,作为电影评论家的工作也渐渐走上了正轨。

小学六年级时我曾幻想过要成为像荻野昌弘那样的电影评论家,如今 50 多年过去了,我也出版了几本电影相关的书籍,成了电影评论家。而且,在数百人面前做演讲也成为稀松平常的事情。

我能作为作家慢慢活跃起来,只能说是因为看了 4000 多部电影,写了 1000 多篇影评,有着巨大的输入与输出量的结果吧。大学时代,如果没有写影评的话,那么今天的作家桦泽就不存在了吧。

重要的事情,我都是从电影学来的。感谢电影。由衷感谢我的好导师,荻野昌弘先生。

"玩"与"享受"的五大非凡益处

工作能力强的人往往都有全情投入的兴趣爱好

第一章我们从什么是"放松"开始,讲了为什么人需要玩与享乐。我希望各位读者能够明白,工作不是生活的全部,玩与享乐也是非常必要且重要的事情。

接下来的第二章,我会从脑科学的角度出发,举出实例,更加详细地说明玩与享乐具体会对放松有怎样的效果与益处。

从人物纪录片学到的终极成功法则

我非常喜欢观察世间和人物,经常观看TBS(东京放送)电视台的《情热大陆》与NHK(日本广播协会)电视台的《职业人的作风》等人物纪录片。

看多了在某个领域做出成果的人物个案,就能洞察到"成功者的公约数"。模仿这些,对自己的成长也有所帮助,能够提高自己的成功概率。

人物纪录片中出现的成功人士,毫无疑问是有着共同点的。

关键词:热情、热爱、集中、投入。

他们能够热衷于眼前的事情。无论是工作还是玩，都能够集中精力投入其中，忘记时间。同时，瞄准一件事情，深入去做，像狂热爱好者一样彻底琢磨明白。不管是工作还是玩，他们都是这样。

而且，越是一流的专业人士，越是有着一流的兴趣爱好。我所指的"一流"是，**玩到极致、已经具备教学水准的"爱好"与"兴趣"。**

此外，他们还非常懂得转换心情和休闲放松。能够热爱工作是当然的，他们同时也可以充分利用闲暇时间，这与他们本职工作的动力与创造力相关联。

我从人物纪录片中归纳出成功的法则是——**对某样事物热衷并投入，享受其中的简单乐趣。**

一言以概之，就是"懂享受的人会成功"。

能够跨越工作与玩的界限，全情投入某样事物，这是一种非常重要的能力。

一流的人有一流的兴趣爱好

从脑科学的角度揭秘为何"懂得享受的人更能获得成功"

不仅是那些在各自领域大获成功的人,你也可以回想一下自己身边那些能干的人。

他们并不是咬紧牙关、毫不放松地工作,而是在积极地享受工作。工作结束之后,就干脆利落地回家,享受个人生活,度过快乐时光,甚至给人一种游刃有余的感觉,难道不是吗?

这类人被称为"现实充"(现实生活很充实的人)。他们不仅**工作做得好,而且能享受工作与个人生活**。这是不是也能证明"懂得享受的人会成功"呢?

为什么"懂得享受的人会成功",我想这是你最想知道的,也是最重要的事情。

从脑科学的角度来回答,答案实在是非常简单。

因为会享受的人有多巴胺来做后援。

感到快乐,人就会分泌多巴胺!

多巴胺被认为是一种幸福物质,一旦大脑分泌多巴胺,人就会被开心、愉快、激动之类幸福且积极的感情所包围。

具体来说,就是目标达成的时候;工作、体育活动、兴趣爱好等有了成果的时候;演讲很成功的时候;在运动会获得优胜,大喊"耶!"的时候;奖金、额外收入入账的时候;被人表扬的时候;更上一层楼的时候……在上述人生成长的时刻,人体分泌的物质正是多巴胺。

举一个最简单的例子,当我们玩《勇者斗恶龙》之类的RPG(角色扮演)游戏时,人物经验值的增加、"力量"与"速度"等的增长、获得金钱和工具(想要的东西)的时候,多巴胺就会迅速大量分泌。

不一定非要达到什么远大目标才会分泌多巴胺,即使是完成了工作计划表里的一个小项目、小目标,也能达到同样的效果。

物理刺激能促进多巴胺的分泌,比如吃了好吃的东西,喝到了好喝的酒,让人感觉"美味!幸福!"的时候。另外,做运动时想到"今天真是神清气爽,运动做得真好"的时候,多巴胺也会分泌。

分泌多巴胺的脑回路被称为"奖励回路",当个人获得的收获比其预期的要好时,多巴胺神经元就会被激活。

一旦多巴胺被分泌出来,人就会被"快乐""开心""幸福"的心情所包围。由此,人们会希望再次得到那种"快乐",于是"下次也加油""再加把劲儿"的动力就来了。

多巴胺会让你变成超人！

多巴胺一旦被分泌，大脑就会被激活，注意力与记忆力会加强，学习效率就会提高。人也会涌起一股干劲，想要"再加把劲"，产生正向的情感，以积极的态度面对事物。

在小白鼠的迷宫实验中，被注射了多巴胺前驱物质（在脑内能转变为多巴胺的物质）的小白鼠比没有接受注射的小白鼠能够更快地走出迷宫。

分泌多巴胺后，人的记忆力等大脑功能会得到明显提高。

换而言之，多巴胺会让人们感觉到快乐。分泌多巴胺之后，人的记忆力、注意力得以提高，动力也有所提升。简单来说就是会变得聪明，即大脑的效率得到飞跃性地提高。

多巴胺是增强记忆力的物质，是提高学习能力的物质，是提升动力的物质。

这是一种类似于游戏《最终幻想》中的"狂暴球"的魔法。一旦使用这种魔法，瞬间攻击力会急剧增高，能像狂战士一样用压倒性的力量进行战斗。

多巴胺就是这种能让你成为超人的魔法。

而且，多巴胺只在"享受"的时候才会分泌，所以，**只要"享受"就可以让你成为超人，超常表现！**这也太简单了吧！

因此，"懂享受的人会成功"，从脑科学的角度来看，这是完全正确的。

长时间的"辛苦"会导致能力下降

你觉得能用"开心"来形容工作吗？或者是"讨厌""辛苦""痛苦"这类形容词呢？认为工作是"开心"的人，会如同刚才所说的，借助多巴胺的魔法，像超人一样高效工作，拿出惊人的工作成果。

但是更多的人，面对工作想的应该不是"开心"而是"讨厌""辛苦"吧。**觉得工作"辛苦"的人，身体会发生怎样的变化呢？**

一直感到"辛苦""痛苦"的话，被称为"压力荷尔蒙"的皮质醇就会分泌。

虽然健康的人每天也分泌皮质醇，但是仅限于白天。通常，夜间皮质醇的分泌会下降。但是，**如果有压力的话，一整天都会分泌皮质醇。**

皮质醇类似能量饮料，是能够激发身体元气的物质。因此，在白天分泌是毫无问题的，但是晚上分泌的话就会导致失眠，让身体得不到充分休息。

皮质醇会降低人的精气神和记忆力。大脑中的海马体是接收皮质醇最多的器官，换言之，最容易受到皮质醇影响的就是海马体。

海马体是掌管记忆的结构。因此，皮质醇增加，记忆力就会显著下降。为什么呢？因为大脑想要把讨厌的事情忘记。

在还是小孩的时候，遭受过父母的残酷虐待，但是长大之后完全不记得，这样的事情常有发生。这是一种海马体导致的记忆障碍。遭受过虐待的孩子身上，能观察到"海马体萎缩"的情况。

另外，大脑分泌皮质醇后，人的精力和动力也会降低。这种情况长期持续就会导致抑郁症。

为什么呢？因为大脑觉得自己现在在做"辛苦""痛苦"的事情，所以想要停止。因此，勉强自己持续做"辛苦"的事情的话，所带来的压力会导致人生病。

也就是说，**长时间持续"辛苦""痛苦"状态的话，注意力、记忆力、精力都会下降**，大脑就会处于一种混沌的状态。

皮质醇太多的话，大脑会萎缩！

美国约翰斯·霍普金斯大学医学院对2231名普通人（平均年龄49岁，无阿尔茨海默病病史）进行了心理学试验、记忆与思考技巧测试、MRI（核磁共振成像）脑扫描以及血液中皮质醇含量的测试。

结果显示，血液中皮质醇浓度高的人与正常人相比，记忆力、思考力测试的分数比较低且**脑容积缩小**。

也就是说，持续暴露在高压力、高皮质醇浓度环境中的人，记忆力会下降,甚至引发大脑萎缩。

简单来说,"开心"让人能力倍增,而"痛苦"会让人的能力**大打折扣。**

"开心"是油门,而"痛苦"是刹车。

以超人的状态来面对工作,还是以大脑混沌的状态来面对工作?你认为哪种情况更能够有效率地工作呢?你希望在工作时拥有怎样的状态呢?

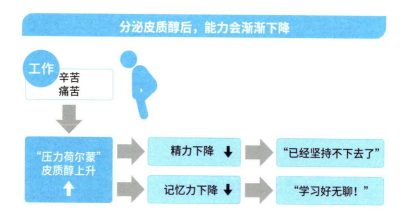

越努力越得不到晋升的原因

孩子的学习也是如此。如果孩子觉得"学习很快乐",那么大脑就会分泌增强记忆的物质多巴胺。如果觉得"学习很辛苦",那么阻挠记忆的物质皮质醇就会分泌。

也就是说,一边讨厌学习,一边忍耐着这种感觉学习,即使学了几个小时,效率也非常低。

工作不也是这样的吗?

面对"讨厌的工作",自己已经很努力、很辛苦了,却还是不被公司认可。而一些到点下班、工作时间规律的人居然得到积极评价和晋升,这不公平!怎么看都是我比较努力,这不是很奇怪吗?

现在,你知道了多巴胺和皮质醇的秘密以后,应该知道"越努力越得不到晋升"的原因了吧。即使咬紧牙关,无限忍耐,玩命努力,多巴胺也不会分泌。此外,皮质醇还在悄悄作祟,让你的效率大打折扣。

这样算来,你和别人的表现,粗粗算来就有了4倍之差。你陷入了无限加班循环的陷阱,没有"玩"的时间,压力陡增,表现进一步下降。

越努力，表现就越不好，陷入泥沼。这样"痛苦"的职场人，我想应该是非常多的。

真正的实力本应是现在的两倍，但是却不能够自如发挥。面对同样的工作，花费同样多的时间，乐观主动去做的人跟消极应付去做的人效果肯定不同，有时甚至会天差地别。

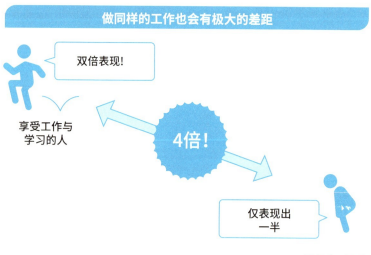

做同样的工作也会有极大的差距

如何应对"不管怎样工作都不开心"

如果能从心底觉得"工作很开心!"这是最好不过的事情。我在社交媒体上介绍了"将工作游戏化的方法",但是大多数人都反馈说做不到。

还有人激烈批评道,"这么痛苦的工作让我去享受它,这事情绝对不可能办到!你没有当过公司职员,所以才说出这么不切实际的话!"

因此,**在本书中,我索性不说"享受工作"了,但即使不能享受工作,如果能享受工作以外的其他事情,那也非常好。**这是本书的重要观念。

如果在工作中不能分泌多巴胺,那么就需要通过放松和玩来分泌多巴胺。

即使不能享受工作,那享受兴趣爱好、自己喜欢的事情、自己关心的事情总能算是轻而易举吧。和恋人、家人一起享受时光也很好吧。

如果在工作中不能分泌多巴胺,那么就通过玩来分泌。
如果工作中积累了压力,那么就通过玩来高效放松。

如果工作中分泌了皮质醇，那么就通过玩来降低皮质醇。

（顺便说一句，30分钟的有氧运动就能够将皮质醇降低至正常水平。因此，通过"玩"来降低皮质醇非常简单。）

即便如此，也还是没法玩啊

"如果不能享受工作，那就享受下班以后的生活！"
对于这种观点，有很多批评与反驳的意见。

- 每天加班，哪有时间玩啊！
- 工作结束以后已经累得不行了，没力气去玩！
- 累成这样，连人都不想见！
- 没钱，喝酒都不能去啊！

享受下班以后的生活！多玩一点！消除疲劳！消解压力！即使我这么说，有很多人会以"没时间""没钱""没体力""没兴趣"之类的理由，说自己没法玩。换言之，**"玩"虽然看上去是谁都能做到的事情，但是实际上并没有这么简单。**

正因为如此，才需要一本教你怎么玩的书。这样的书，目前市面上基本不存在。而在本书中，正是跟你探讨如何在没有时间、金钱、体力、兴趣的情况下也能巧妙地玩耍、放松的方法。

终极成功法则

"桦泽先生,你认为最受用的成功法则是什么?"

这是我经常被问到的一个问题。回答很简单,最有用的成功法则是"坚持",没错,就是:

坚持!

如果有更好的方法,我愿闻其详。

首先,做某件事,只干了一次就想看到成效,是不可能的。

只干了一个星期,也不会成功。

只干了一个月,也不会成功的吧。

至少要干3个月、1年、3年,甚至5年、10年地坚持下去,才有可能取得大的成就。

但是,如果用了错误的方法,采取错误的行动,朝着错误的方向的话,那么无论努力几年,都不会有结果。因此**实践和付诸行动的大前提就是"方法正确"**。

在出版第 27 本书时终于受到关注的作家

曾经有人和我说:"桦泽先生,你的书很畅销,事业也一帆风顺,我很羡慕你。"但事实是,我的写作之路远算不上一帆风顺。

我的处女作出版于 2002 年,那年我 37 岁,卖得并不好。但是不知不觉间,至今我已经出版了 19 本书了。

《过目不忘的读书术》(『読んだら忘れない読書術』,2015),是我第一本销量超过十万的书。但是之后的书销量都没有达到这个数,一直无法突破。

于是,我继续出书,直到第 27 本。

在第一本书出版的 16 年后,我写出了《输出大全》(『アウトプット大全』,2018)这本畅销书,到 2022 年 2 月前销量突破了 60 万本。

苦心经营 16 年,累计出版 27 本书,到了 53 岁,我也算出名了,这应该是相当晚熟的作家了吧。甚至可以说,在出版第 26 本书之后才成为畅销书作家,这样的例子也世上少有吧。

很多人,没有办法坚持到那个时候。而且,从根本上来说,要是书完全卖不动的话,出版社也就不会给出下一本书。

能够不感到痛苦，坚持出书 16 年的原因

为什么我能够在 16 年间坚持写作，出版了 27 本书呢？

正如我在本书开头所写到的那样，因为**写书这件事是快乐的。**

"对你来说，最快乐的时候是什么时候？"

对于这个问题，我的回答是："写文章的时候，不要去想着书能否出版，而是把自己的思考、创意和感情用文字、篇章表达出来。这会让我感到无比欢喜与幸福。"

当然，写书的过程也是消耗自己的过程，消耗气力、体力、精神。我写一本书需要每天 10 小时，连续一个多月。

写作是非常辛苦的工作，但令我感到快乐。书写的时间充实且有价值，是支持我 16 年笔耕不辍的原因和动力。

人只能坚持让自己感到快乐的事情

与"坚持"相关联的脑内物质是多巴胺。 这是和"快乐"这种幸福物质相同的东西。多巴胺是大脑一直渴望的物质。

享受的过程中人体会分泌多巴胺，会更激励我"写更好的书""写更通俗易懂的书""写对人更有用的书"。只需要维持"开心"，我就能够坚持写书 16 年。

"坚持的人才会成功！""坚持"的背后是多巴胺，所以追其

更深层的理由,我们可以说:"享受的人才会成功!"。这就是活了 56 年,累计卖出 200 万本书的桦泽的结论。

终极的成功法则是"享受"!

很多日本人想着"忍耐,忍耐!吃苦,吃苦!努力的人一定会成功",这是一种错误的想法。即便反复忍耐、坚持努力,最后也可能只会落得个生病的下场。

"勉强自己去做痛苦的事情",这是非常辛苦的,很多人做不到。不过,生活是无可奈何的选择,有时候我们需要这么去做。

但是,坚持令人快乐的事情,就非常简单。为什么呢?因为快乐啊!即使别人命令他停,他都会继续下去。

坚持,才能出成果!
但是大多数的人都不能坚持。

为什么?

因为"不开心"。

因为"辛苦""难受"。

减肥、戒烟、戒酒,为什么会失败?

因为"不开心"。因为"辛苦""难受"。也就是说,如果你能把工作或想做的事当作"乐事",一切问题就迎刃而解了。

但是,要想以苦差事为乐,并非易事。在这里,我希望你**通过"放松地玩"来学到"享乐的诀窍"和"坚持的诀窍"**。

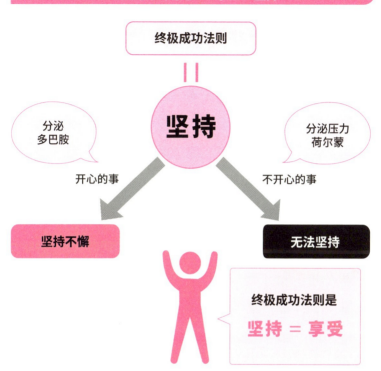

★ 第2章 "玩"与"享受"的五大非凡益处

"玩"的五大非凡益处

"工作"还是"玩"？这种单选题式的思维方式会毁了你的人生。

"玩"中得到的经验对工作是有用的。如果没有，那是因为玩的方法不对。（关于玩法的好坏，我会在第三章中说明。）

玩是一种大脑的训练，是大脑在做体操，同时也是一种能力训练。也就是说，是提升能力与技术的一种训练。

通过有益的"玩"，人的大脑会变得活跃，注意力、创新力、意志力、驱动力、记忆力、沟通能力都会得到提高。可以说，通过知道自己"做什么的时候比较开心"，从而得知自己"比较适合什么"。

所有必要的事情都是从"玩"中学来的

在第一章的章末专栏中，我提到，在小学、初中的时候，看了"周一上映"栏目中电影评论家荻野昌弘先生的解说后产生了"成为电影评论家"的愿望。

小学六年级的时候，我用生日礼物的磁带录音机，每周把荻野

先生的电视解说一字一句录下来后听写。高中的时候，我已经能写电影的观后感与影评了

而且，把自己的意见、想法写成文章是非常有趣的事情，让我发现了"写文章的乐趣"。高中时，我曾经是"电影宅"，内向、不擅长沟通，性格也不开朗。但我发现，尽管不擅长沟通，也同样可以通过"写作"来表达自己。

进入大学后，我每年在电影院看200部以上电影，坚持写影评，提高写作能力。我每月都向权威电影杂志《电影旬报》的"读者影评"栏目投稿，在刊登率仅为3%的情况下，获得了好几次发表，这让我更加自信，感到自己的文章是能够被别人认可、理解的。

现在，尽管我的职业是神经科医生，但是从个人时间的分配来说，我用超过三分之二的时间写文章，所以说，我同时也成了作家。而且，作为作家，看完电影后写出感想是我的基本功，我从年轻时就开始练习这个能力了。

不夸张地说，**我通过"玩"学到了人生必要的所有。**

接下来，我将分五个方面，为大家介绍"玩"的非凡益处。

玩的非凡益处 ❶
锻炼创造力

通过玩能够锻炼的能力有很多,其中,如果只能举一个最重要的话,我认为是"创造力",也可以说是**获得灵感和创意的能力,把 0 变为 1 的能力或创新的能力。**

几年前,市场上曾出现了一批畅销书。如以《10 年后的工作图鉴》为代表的涉及"在 AI(人工智能)时代将要消失的职业""AI 时代仍然被需要的职业、能力"之类话题的书,以《2040 年的未来预测》为代表的预测未来的书,和以《百岁时代的人生》为代表的对老年人生活方式建议的书等。

10 年后、20 年后的未来会怎样呢?首先,毫无疑问的是,日本社会的老龄化情况会更加严重。此外,经济不稳定、温室效应、自然灾害、气候变化等问题会在世界范围内变得更普遍。错综复杂的国际关系问题也需要考虑。

另外,AI、机器人、医疗、农业、新能源等技术的突破性进步将会实现科幻电影的世界,正向考虑的话,各种各样的社会问题会被解决。事实上,如今人类的"宇宙旅行"已然实现,自动驾驶技术也已经基本达到了实际应用的水准。

积极的未来与消极的未来,各种说法都有。人们多半会对 10

年、20年后的未来感到不安吧。但是,重要的是,**为了一定会到来的"未来",我们现在能做些什么?**

作为神经科医生,我的回答很简单。只有这一件事情:**锻炼创造力!**

从今往后的10年间,AI技术、机器人技术一定会有飞跃性的进步。这基本是板上钉钉的。

单纯的体力劳动一定会被机器人替代。单纯的事务性工作一定会被AI替代。也就是说,"按要求办事的工作"一定会被AI与机器人所替代。

"创造力"才是面对未来最重要的关键词!

今后会消失的职业,不再被需要的职业可能有上百个吧。另外,**新生的职业也有上百个,那是谁都尚未涉足的"蓝海"**。毫无疑问,这片蓝海里有着巨大的商机。那么,我们每个人应该准备什么呢?只有拥有AI、机器人所不具备的创造力,才能和它们一决胜负。

转换成输出性工作吧!

这个世界上的工作,可以大致分为"输入性工作"和"输出性工作"两种。

锻炼创造力,具体点说,是把"输入性工作"转换为"输出性工作"。

输入性工作是指完全听从上司指令行事的工作。

输出性工作是指,不仅按照指令行动,还会加上自己的创意,自主进行建议、改善,提高一定品质的工作。融入自己的原创,凭借自己的思考去创新,创造出新的事物;或是需要自己思考、决断,自己决定行动路线的工作。即,输出性工作就是拥有自主性的工作。

输入性工作是被动的,输入性工作是能动的、自发的、主动的、自主思考、自主判断、体现创造力的工作。

昭和时代,人们重视"遵从别人命令的公司职员",这样做会得到晋升。而有自己想法和主张的员工往往被认为"麻烦""多事",评价偏负面。

进入平成年代后,日本经济的高速增长期结束,泡沫经济开始崩溃。重复相同的劳动已无法再次创造经济奇迹,日本进入了被称为"失去的10年、20年"的低迷、停滞的时代。

令和时代一定会是 AI 时代,是机器人时代,是科技的时代。"输入性工作"是 AI 和机器人能够完全胜任的,所以只会做"输入性工作"的人很快就会被淘汰了吧。

因此,我们有必要锻炼"输出能力",特别是**"从 0 创造出 1 的输出能力"**,也就是**"创造力"**,这是当下亟须的一种能力。

AI 时代必备的"输出性工作"

输入性工作	输出性工作
● 被动的	● 能动的
● 被支配的	● 自发的
● 等待指示的	● 自主性的
● 努力、毅力	● 有创造力
● 被人调动	● 调动别人
● 保守的	● 挑战、革新
● 勤勤恳恳	● 动态的
● 获取信息	● 发出信息
● 学习、被教育	● 教育别人

不要被 AI 驱使,要做驱使 AI 的人!

软银的孙正义曾预言,"机器人时代与 AI 时代合并的智能机器人时代将来临"。智能机器人的诞生,相当于 10 亿劳动人口的诞生,可以应对日本的少子和老龄化现象。

但随着 AI 的进化,也会出现"失去工作的人""被 AI 使唤的人"。另外,给 AI、机器人下命令的人,也是绝对需要的。

也就是说,**不要被 AI 驱使,要做驱使 AI 的人!**

现在的 AI 擅长大数据的分析。这种分析是通过推导过去已经发生的事情寻找最优解的过程。在这一领域，人类已经不是 AI 的对手了吧。然而，AI 不能够分析新商品、新服务以及没有先例的、没有数据的事物。

把 0 变成 1，想出至今从未存在过的崭新创意，这是现今的 AI 所不能做的，恐怕再过 10 年 AI 也还是无法做到。

到达技术奇点之后的事我难以预测，但至少**在今后的 10 年到 20 年内，有"创造力"的人还是可以成功的。**

"玩"是锻炼创造力的唯一途径

"新商品开发""设计"等需要新奇创意的工作且另当别论，很多在公司工作的人从事的应该是"输入性工作"吧，也就是根据上司的命令与指示，完成被分配的工作，其评价体系与完成情况挂钩。

其中，也有公司欢迎员工提出新点子与建议，希望员工多多提案。但是，推崇这种"输出性工作"，相对自由且工作环境令人满意的公司目前并不多。

换言之，以"输入性工作"为主的人拼命努力工作，取得成果，公司是非常欢迎的，是件好事。但是，**如果仅做"输入性工作"，你的创造力得不到丝毫锻炼。**

可以说，这样的人不过是在养成听指示干活，是没有丝毫怨言持续干活的"机器人脑"或"奴隶脑"而已。

负责普通事务的职员,无论如何努力都无法锻炼创造力。如果已经这样的话,应该怎么办才好呢?

答案在工作结束以后。也就是说,只有在"玩"中才能训练创造力。

"创造力训练"之类的词听上去很夸张,但是即使是把僵化的思维稍微解放一点,也是一种创造力训练。

与创造力相关联的脑内物质是乙酰胆碱。乙酰胆碱负责认知机能(思考、记忆、学习、注意力、集中力)、清醒与睡眠(特别是快速眼动睡眠)、西塔波(θ波)[1]的产生、情感记忆等功能。也就是说,与灵光闪现、创造力、构想力有很深的联系。

其中,特别引人瞩目的是西塔波。精神上放松、快要进入睡眠时晕乎乎的状态就是大脑产生西塔波的状态。乙酰胆碱刺激海马体,使得海马体更容易产生西塔波。

在这种状态下,神经树突(脑神经之间相连接的部分)会更容易联系起来。

人们经常说,"新点子是已有要素的排列组合",**乙酰胆碱分泌,转换成西塔波,神经树突相连接后,就容易让人产生新的点子。**

激活乙酰胆碱的创造力训练如下图所示:

---

[1] 译注:人在半睡眠状态时或进入深度冥想时的脑波。

从今天就能开始的创造力训练

开始新的事物
- 挑战新的事物
- 去从未去过的地方
- 见从未见过的人

"4B"助你活用创造力
- 床（Bed）
  （睡觉时、睡前、起床之后的几分钟）
- 公交（Bus）
  （搭乘地铁、公交等的过程中）
- 酒吧（Bar）
  （在酒吧、居酒屋等饮酒时）
- 浴室（Bathroom）
  （洗澡时或如厕时）
  → 放松

散步
- 在没有到过的车站下车
- 吃些没吃过的东西

呼呼大睡
- 小憩也很有效果

将思考的事情转变成语言（语言化）
- 关于玩的话题和讨论

乙酰胆碱分泌

神经树突变得容易连接

想出新点子！

玩的非凡益处 2
提升各项工作能力

不仅限于创造力,通过"玩"能够让各种各样的能力得到发展,能够提升大脑的功能。比如说,**好奇心、沟通能力、输出能力、记忆力的提升,应对事情游刃有余,更有自我肯定感等。**

通过工作锻炼创造力、好奇心并非不可能。但是如果你每天重复同样的工作,那就会变得非常难。这时,与其指望通过工作,不如通过玩来培养与锻炼创造力、好奇心与其他各种能力,这更为简单。

不过,即使每天玩 6 个小时游戏,也不会长进。

"玩"也分"让能力提升"的好玩法和"让能力退化"的坏玩法。而且,**随着玩、娱乐、体育活动种类的不同,健康效果、培养的能力或者说激活的大脑部位会完全不同。**只有了解这种不同,你才可以相应训练自己想要发展的能力。

另外,很多人会说"没时间玩",这么说的人是在"傻玩",是非常浪费时间的。**在"玩"上做乘法,获得"附加价值"。增强能力的附加值,这在某种意义上是最好的吧。**

越玩,越能锻炼创造力,同时促使你在工作上想出好点子。这是多么美妙的事情!

AI 时代最重要的是"好奇心"

好奇心是探究事物根源的心理活动。**在 AI 时代，与创造力同样重要的是"好奇心"。**为什么这么说呢？因为 AI 没有好奇心。

简单说，好奇心是"这个很有意思"的映射，以及有"为什么会这样"的打破砂锅问到底的心理。想要了解更多、学习更多、体验更多，是一种动机与行动的联结。

如果没有好奇心，人类就不会踏足未知领域。不踏足未知领域意味着维持现状。

"每天只有工作，没有开心的事情""每天很无聊"的人往往缺少好奇心。另外，**好奇心旺盛的人，每天都很快乐。**因为对他们来说，每天都能持续注意到新的事物，充满了新的体验，理所当然会变得快乐。

擅长玩的人，工作上也比较能出成绩。究其原因，一言概之就是"好奇心"。

好奇心培育创造力

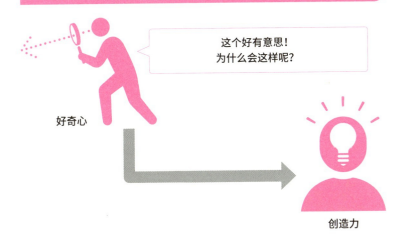

好奇心旺盛的人和没有好奇心的人着眼点不同。前者会毫不犹豫地挑战新事物，脚步也很轻快。好奇心是创造力的原动力。通过"玩"培养好奇心，进而提高工作上的创造力，这是毋庸置疑的事情。

其实，每个人都有好奇心，更准确地说，是曾经拥有好奇心。观察孩子的行动，大家都能注意到他们充满着好奇心，会不断问"为什么"，关心新鲜事物，孩子们还会将一样的玩具玩出不同的玩法，很有意思。

儿童时代所有的好奇心是"玩"激发的。

好奇心可以说是发现有趣事物的能力。好奇心被激活后，即使生活一成不变，也能在每天的生活中发现"有趣的事情"和"开心的事情"。

仅仅靠"工作"去锻炼、培养神奇的好奇心是行不通的。但是,"玩"可以让每个人都能轻松唤醒自己的好奇心。

会玩的人更会沟通

玩得越多,沟通能力越能得到锻炼。**通过兴趣爱好与人相遇,然后分享讲述自己的兴趣或擅长的领域,人的沟通能力也会提高。**交到工作以外的朋友,人际关系也会拓展。

每天都有人跟我诉苦,说"职场的人际关系是压力之源"。但是,正是因为想要解决职场的人际关系烦恼,压力才会累积起来。

你不需要刻意改善职场的人际关系,而是可以在下班之后参加兴趣小组或社区活动,以职场之外的人际关系来充实自己的人生。**通过与不特定的人见面来锻炼沟通能力**,其结果,不仅让自己得到放松,职场的人际关系可能也会有所改善。

正确的玩法让人变得更聪明

玩有各种各样的益处,其中最吸引我的是,**"人会越玩越聪明"**。(而睡眠不足或者饮酒过量等"坏玩法"会让人变笨。)

实际上,众所周知,小孩子们通过玩捉迷藏、扮演医生之类的过家家游戏和一些户外游戏锻炼了沟通能力和创造力。

其实不仅是孩子,**成年人,甚至四五十岁以上的人也可以通**

过游戏来扩大脑神经网络，促进大脑成长。也就是说，人将会变聪明。

当然，有害的"玩"无法与大脑产生联动，大脑就会退化。比如，有研究调查了学生使用智能手机的时间与学习成绩之间的关系，发现智能手机使用时间越长，成绩就越差。

因此，**"怎么玩""玩多久"是非常重要的。**既然玩的时间宝贵，那我们一定要玩得"正确"。

以我自己的经验来说，跟 30 多岁时把工作放在第一的我相比，如今 50 多岁的我脑子要好使 3 倍左右。实际上，一天能完成的工作量也是 3 倍，可见"玩"的功效。

玩的非凡益处 3
培养竞争力

有时候我提议:"让我们挑战新事物!"会有很多消极的意见反馈回来——"不行的""失败了怎么办呐""如果会受伤害的话那么维持现状就好了"可见极其害怕挑战的"挑战恐惧症"的人可真不少。

要跳出自己的舒适圈,挑战自己不能做的事。去没去过的地方,与没见过的人见面,踏入自己所不知道的新世界,拓展自己的可能性。这样,人才能获得成长。

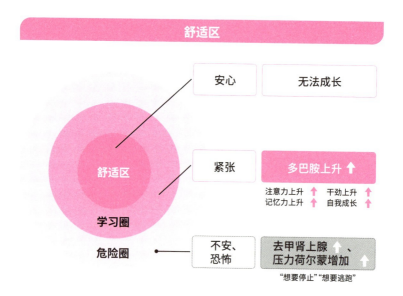

每天过着一成不变的生活，做着和昨天相同的工作，毫无新意，日复一日地重复相同的工作、相同的生活、相同的玩。自然无法让自己成长。

挑战一些新的事物，使它变成可能。当新的事物变成已掌握的事物，就是一种自我的成长。因此，希望各位读者多多挑战新事物。

不习惯挑战，你会错失机会

比方说，领导来找你商量，让你带领团队做一个10亿日元的新项目。这是公司对你工作能力的认可和信任。

肯定会有人这样想，自己从来没做过团队负责人，突然带领团队做10亿日元的项目是绝对不行的。要是失败了给公司带来损失该怎么办？怎么想都觉得自己不行，还是拒绝了吧……

就这样，**平时就害怕挑战，不想要挑战的人，当在工作、恋爱、人生面对重大选择——也可以说是巨大机会的时候，会放弃接受挑战，从而失去了机会。**

的确，挑战困难的商业项目是需要非常大的勇气的。正因如此，需要从平时做起，通过玩来习惯面对挑战。

比如，开始打高尔夫球、一个人去陌生的地方旅行、为了考证开始学习、去看现场演出等，怎样都好。

"挑战"听上去挺夸张的，但**只要做到在日常生活中，能够毫不犹豫地去尝试以前没做过的事情就可以了。**新的挑战一定会伴随着不安与恐怖，但是克服它以后，就会收获成就感与自我成长，能够看到崭新的自己，也会和新的朋友相遇。

克服困难本身就是挑战，所以挑战必然伴随着艰难困苦。**克服困难以后，困难就会成为经验，成为自信，自我就会成长。**只要累积成功的体验，哪怕多小的体验都没关系，自我肯定感一定会提高，你会觉得"我也可以的！"

"玩"无风险！

"玩"的挑战是没有风险的。比如参加"威士忌品鉴师"的考试，即使没通过，只要不和其他人说自己参加了考试，自尊心应该就不会受伤吧。

你可能会觉得浪费了课本费用、考试费用、学习时间。但是无论考试的结果如何，你一定会比之前更了解威士忌，这就是巨大的进步，是自我的成长。

或者，如果想到"开始打高尔夫吧！"就花巨资买专业的设备则大可不必，去二手网站上找找就可以轻松入手并不昂贵的装备。

遭受数十万日元的损失、浪费几百小时的时间，蒙受了奇耻大辱，损失了自己的社会信用……这样的事情即使"玩"失败了，一般也不会发生。

"玩"的挑战失败，但明白了"我不适合打高尔夫球"或者

"我不适合欣赏舞台剧"这样的事实,也是一种大大的进步与成长。**知道自己不适合干什么,是向发现自己适合干什么更近了一步。**

其实,打高尔夫、欣赏舞台剧,不用去想太多,只要毫无顾虑地去享受就好。与在家看电视的时间相比,**如果能够增加几个"开心的一天"的话,也有助于把人生变得快乐幸福。**

所以说,玩无风险! 通过养成在玩中挑战自我的习惯,不害怕挑战的思维模式,你可以把握住人生最大的机会。

玩的非凡益处 4

有益身心健康

我的理想是通过传播自己的知识来帮助大家预防精神疾病。作为医生,治病是非常有意义的事情,但是,人一旦生病,有时候治疗起来很慢,痊愈也很难。所以,最好是不生病。比起治疗,不生病、预防更为重要。

精神疾病患者往往不擅长玩

那么,如何才能够预防精神疾病呢?

至今为止,我观察了数千位精神疾病患者后得出的结论是——**精神疾病患者往往不擅长玩**。比起玩,他们会优先工作。没有兴趣爱好。在休息日都不知道干什么的患者很多。

另外,**精神疾病患者也很不擅长休闲**。人感到疲劳的话,休息就会缓解的,但是他们会对休息感到罪恶,勉强自己继续工作,使压力与疲劳感越积越多。

不擅长玩、休闲、休息、转换心情的人,更容易罹患精神疾病,甚至实际已经有了苗头。这是当了 30 年医生的我的结论。

另外,不仅是精神疾病患者,那些不会玩、休息、休闲,积累压力与疲劳感的人,也容易睡眠不足、运动不足,错误的生活习惯导致身体也容易生病。

简单说,"不会玩的人会生病"。反过来说,**擅长玩、休息、休闲的人,身心都更加健康**。玩能够预防疾病发生!

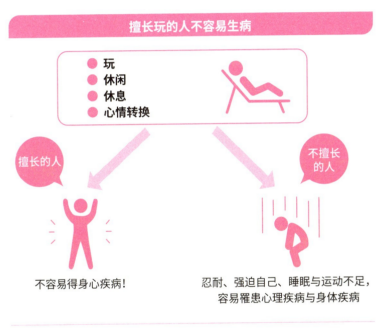

压力不用刻意消除

每天人们都向我倾诉烦恼,"我正为职场的人际关系而烦恼""请你告诉我如何改善职场复杂的人际关系"。在这里,我有一个终极的应对方法。

那就是——无视职场的人际关系，享受下班以后的生活！ 这就是所有问题的答案。

如前所述，越想要改变自己不能控制的事情，压力就会越大。

学习沟通技巧或阅读人际关系方面的书确实是有些用处的。但是，这能改变你领导唠叨磨叽的性格吗？能让已经统治职场十年以上的大佬笑逐颜开吗？能让你变成职场的气氛制造者吗？团队里关系紧张的 A 和 B，能因为你的介入而关系变好吗？

人的性格不是那么简单就能够改变的。

花费巨大的精神能量改善职场氛围，这当然有可能做到。但是很有可能，当你花了三年时间，好不容易把团队打造成了关系良好的队伍，就发生了人员变动。

如果是这样的话，你能重新从 0 开始，调整新的职场人际关系吗？能每三年就来这样一次吗？

这是精力与时间的浪费。有这样的时间，不如集中在自己工作上，提高自己的工作质量和工作能力。那样的话，无论是调动工作岗位还是跳槽，你的努力都不会被清零，而是渐渐累积，能力越来越强。

因此，没有必要刻意地去改善职场的人际关系。但我们又不能对压力熟视无睹，所以**需要学习"消除压力来源"以外的应对方法。**

比如，假使职场的人际关系非常不好，那么养成在下班回家的路上去个健身房，出一身汗的习惯如何？之后还可以和健身房的朋友聊聊天，偶尔吃个饭，度过快乐的时光。

如果可以在下班以后，获得这样快乐的时间、休闲的时间、心情转换的时间、休憩的时间，那么就可以说"今天一天过得很愉快"了吧！至少，应该不是"一件开心的事情都没有、绝望的一天"了。

下班以后，看看电影，专注于自己的兴趣，吃一顿好吃的晚饭，和朋友约会，和家人聊聊获得安慰。这些不都是很美好的事情吗？

没有必要去消除压力的来源。或者说，因为没法消除，所以用"工作是工作"来切割，只要享受每天下班以后的时光就好。

与其减少"负数"，不如增加"正数"

我刚才说了，我们不需要在职场的人际关系上投入过多精力和时间，但是如果可以通过努力减少烦恼、压力和辛苦的事情，那在可能的范围里还是应该努力一下的。

尽管如此，**并不是说烦恼、压力全部消除，你就可以获得幸福**。只是从"–10"提高到"0"而已，而不是从"–10"（非常差）提高到"+10"（非常好）。

有开心的事，产生开心的感觉，幸福感就会涌出来。

回顾今天一整天，即使把痛苦的事、辛苦的事情全部消除,也不过是"不痛苦的一天""不辛苦的一天"。换言之,不过是"普通的一天""平凡的一天"而已,并不能成为"快乐的一天""美妙的一天""完美的一天"。

很多人把精力与时间花费在减少负数上。我在视频网站上传的"不去想讨厌事情的方法""不介意别人看法的方法"之类改善自我、克服自身缺点类内容的点播率非常高,欢迎大家关注。

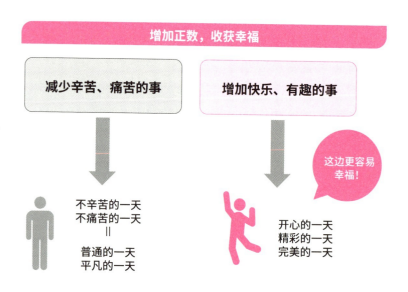

我希望让你注意到这一点,**无论怎样减少"负数",都不能变得更幸福。**实际上,你的人生不也是这样的吗?

与其这样,更应该增加"正数"的事情,也就是增加快乐、愉快、有趣、治愈、开心的事情。这些只要通过玩、兴趣、休息、放松就能够简单实现。

比如，我很喜欢看电影。即使在非常忙碌的一天里，晚上9点基本也能结束工作，之后去看夜场电影。如果在那时能够遇到有趣的电影的话，就能够以"看到这么好的作品真幸福""今天是多么美好"这样愉快的气氛结束一天。

比起减少"负数"，更应当考虑如何增加"正数"。这样人生就会变得非常快乐，能够幸福地生活。

用"快乐"中和"痛苦"

对感到痛苦、辛苦的人，我会建议，如果那么痛苦的话，就做些开心的事情转换下心情吧，但是他们会反驳我，说自己并没有那个心情，还不是玩的时候。

但即使这样，我依旧认为，**越是辛苦、痛苦的人，越是要刻意制造"开心的时间"**。为什么这么说呢，因为快乐可以中和痛苦。

比如，"只去两个小时卡拉OK""只看两个小时电影"。

仅做了两个小时开心的事情，你一定觉得压力是不会减轻的。但其实，即便是**短短的两个小时，也是可以帮助降低压力水平的。**

在卡拉OK里唱自己最拿手的歌的时候，在电影院看电影的时候，脑海中是没有辛苦、痛苦的事情的。因为人不能同时考虑两件事情。

也就是说，**只有沉浸在玩中的时间，人是从痛苦这种紧张状态中解放出来的。**即使只用两个小时缓和紧张状态，对身体和精神都会有很显著的效果。从脑科学角度看,这与缓和了扁桃体兴奋有关。

如果不去卡拉OK、电影院,而是直接回家喝啤酒的话会怎样呢?大概,你会因为想起自己工作上的失败、复杂的人际关系而生闷气吧。

在公司也好,回家后也好,你是不是一直想着痛苦的事情呢?还是说,就算只有两小时,也要把自己从辛苦中解放出来呢。

这是有着极大差异的。

一天里,如果可以设置一到两小时的松弛时间,即使只有这么点儿时间,也能够得到不可限量的解压效果。这就是**"张弛有度"**。

"快乐"能够中和"痛苦"。因此,**越是痛苦、辛劳的人,越要积极地留出开心的时间、玩的时间。**

多享受，能治病

我在上文中提过，"玩"能够预防精神疾病，同时，**"玩"也能够治疗精神疾病。**

因为罹患抑郁症来问诊的 A，声称自己"状态不好，身体也不舒服，没法出门"，每天在家宅居度日。我如果建议他"去散个步"之类的，会被他以"状态不好，不行"为由拒绝。"对了，你喜欢卡拉 OK 吧。住院部的卡拉 OK 大会上你唱的松田圣子的歌，唱得非常好哟！不要一直关在家里，偶尔和朋友们唱唱歌怎么样？"A 当时回答，**"病好了我就去。"**

然而，过了两周，面目一向沉痛的 A 露出了笑容。我问他，是不是有什么开心的事情了？A 高兴地告诉我，偶然间，一个朋友联系他去卡拉 OK，他就去了。"一年没去卡拉 OK 了，非常开心！我唱了 5 首歌呢！"

从那以后，A 定期与朋友去卡拉 OK。因为不出门而总是没有起色的抑郁症状极速好转，如今他可以正常外出了。

并不是"病好了才去"，而是因为**去了卡拉 OK，病情才好转的。**

不是"先治疗改善，把快乐的事情放到后面去"，而是先享受的人，能够更快治愈。从 A 的例子中，我们可以看到卡拉 OK 带来了以下效果：

- 不能外出→可以外出：**社会性的恢复**
- 一直说自己辛苦→在诊疗时第一次说"很开心"：**消极思维的改善**
- 以卡拉 OK 为契机，日常生活中"开心"的事情变多了：**关注积极事物**
- 闭门不出→频繁外出：**改变"家里蹲"状态，改善运动不足**
- 孤独→和朋友会面：**沟通的改善，催产素（促进人与人连接的激素）引发放松效果**

卡拉 OK 是一种"有节奏的运动"，具有能够激活血清素的效果；另外，这是一种大口呼吸的行为，有接近深呼吸的放松效果。因此，只不过是和朋友去卡拉 OK，就能够得到这么多疗愈效果。

如果像"病好了再去"那样，等待疾病治愈，会怎样呢？即使过去一年，也有可能持续着孤独的生活，不能和人见面或不与人见面。

每天都不开心，持续这样的生活，疾病会好吗？无论是谁来想都会明白，**生活中一件开心的事情都没有的情况下，病很难被治好。**

积极玩乐吧!

有很多人都积极工作,他们把工作当作生活的中心,对工作太积极,牺牲自己的放松时间、休闲时间、睡眠时间来工作。这会通向幸福吗?并不能。

我希望大家不要只想着积极工作,而是要更"贪心"地玩!**连玩都不贪恋的人,会追求比玩更辛苦甚至痛苦的工作吗?**能够几年、几十年如一日地工作吗?这种动力是从哪里来的呢?

不能玩。必须好好工作。不能忘记勤勤恳恳工作。看上去这是勤奋的生活方式。但是,一直过着没有玩乐享受的日子会怎样呢?

会罹患精神疾病。我诊断过几千人,深切体会到这一点。

玩的益处在于"身心健康"。**差不多是时候放弃以工作为中心的生活方式了吧?**通过享受玩,可以消除压力、缓解疲劳,帮助你以健康的身体、满满的干劲、爆表的效率去工作,即使上了年纪仍可以健康工作。

玩的非凡益处 5
感到幸福

幸福是什么？如果有人突然这么问，可能没人能立即回答上来。而我，可以立即回答。

能够享受今天一天的人是幸福的。

为什么这么说呢？拙著《三种幸福》(『3 つの幸福』，飞鸟新社）中有详细的解答，核心观点如下：

> 现在的我很快乐。今天很快乐。
>
> 这个状态持续 7 天，就变成"我一个星期都很快乐。现在的我很快乐。今天很快乐。"
>
> 这个状态持续 30 天，就变成"我一个月都很快乐。现在的我很快乐。今天很快乐。"
>
> 这个状态持续 365 天，就变成"我一整年都很快乐。现在的我很快乐。今天很快乐。"
>
> 这个状态持续 10 年，就变成"我十年间都很快乐。现在的我很快乐。今天很快乐。"
>
> 这个状态持续 50 年，那时的我会说："我的人生真快乐，应该算是幸福的人生吧！"
>
> 《三种幸福》
>
> （桦泽紫苑著，飞鸟新社）

将"幸福的人生"细分来看,能分解为"今天一天都很开心"。我把这叫作**"幸福的微积分"**。

"今天好辛苦""今天没有快乐的事情"……这样的日子持续365天、10年、50年以后,到达生命终点时回顾一生,这样的生活应该不能算是"幸福人生"吧。也就是说,**今天是快乐地过,还是痛苦地过,决定了你人生的幸福度。**

能够享受今日的人,是幸福的人

想要变得幸福的方法非常简单。只要做让自己"今天一天都很开心"的事情就可以。

如果工作特别忙,那么就只能在工作以外的部分——**"下班以后"制造"快乐"与"幸福"了。**

当然,如果工作中的充实感、成功感、认同感之类的积极情绪能够成为"今天很开心"的一部分是最好的,但是职场人很少能感到每天都很开心。实际上,在工作中感到快乐的人只有9.8%。也就是说,十个人里只有一个人左右会这样。

"玩"能够让人获得幸福

我的座右铭是"活在当下"。通过"(快乐地)活在当下",迎接幸福人生。换言之,获得幸福的方法就是"活在当下"。享受当下的人,就能够获得幸福。

工作与玩,哪个更重要?

在讨论工作与玩的时候,一定会面对"工作与玩,哪个更重要"这个问题。

在回答这个问题之前我们先来假设一个情况吧。

假设你是个超级影迷,有部电影你无论如何都想要看,今天是上映的最后一天,晚上 9 点是最终上映场次。但是现在是 7 点。有个重要的资料必须在明天一早提交,而资料完成需要 3 个小时。

你应该怎么办呢?

如果你的兴趣不是看电影,而是去音乐会现场、看棒球联赛等,请把电影换成对你自己来说最重要的兴趣活动来考虑。**请你一定要想好答案再往下读。**

这个假想情况没有固定的正确答案。通过这个问题的答案,我们能够了解到你更重视"工作"还是"玩耍"。

回答分为几种模式。

"工作看上去结束不了,我放弃电影。"(工作优先派)

"先干两个小时,结束以后去看电影。"(两全派)

"毫不犹豫选择电影。明天一早来做资料。要是来不及就再说。"(玩乐优先派)

我想你应该属于这三者中的某一派吧,你选了哪一种呢?

那么如果是我,会如何选择呢?

首先,我会在网上预约电影票,然后提高专注力,高效率工作,两个小时将工作资料搞定,赶上 9 点的电影。也就是说,我是"两全派"。此外,这种情况下,我花两个小时做的资料的质量可能比花三个小时做的要高。

你一定会想,这样的事情可能吗。是可能的。这就是我一直遵从的"**倒计时工作法**"。

★ 前言

人在被逼迫的时候，大脑会分泌去甲肾上腺素。**大脑分泌去甲肾上腺素后，人就会高度集中，大脑的工作效率也会达到最大。**判断力也会更灵敏，工作表现会变好，记忆力也会提高。

通过买电影票，让自己意识到，如果不能在规定时间把工作干完，电影票就会浪费，也就是说，逼迫自己一定要在规定时间内完成。在这样的时候，去甲肾上腺素就会分泌，帮助我们发挥比平时更高的工作效率。关于"倒计时工作法"，我会在之后作更为详细的说明。

如果仅是"先干两小时，要是能结束就去看电影"这样没有紧张感的做法，是无法逼自己在两小时内把需要花三小时干的活干完的。

与其懒懒散散地完成，不如定下时间、期限，集中精力完成比较有效率，这是经过脑科学证明过的。我在每天的工作中深刻体会着这一点。

"工作"还是"玩"？选择某一个，然后扔掉某一个。很多人会用单选题的思路去思考，但其实是有一个"不做选择，两全其美"的选择的。

"工作"还是"玩"？不，是"工作"和"玩"。工作完成得很完美，然后尽情地玩。这种违反常识的好事是——可能的！

至少，我已经实行了数年。同样是一天24小时，我每天干的工作是其他人的三倍，玩的量是别人的两倍。

践行"玩乐第一",人生会发生改变

好像能听见"不行,这种事情不可能实现"这样的反驳。**工作与玩不能两全,这是因为完全认同"工作第一"并以此行动。**

拼命工作,工作结束之后再玩。我想大多数的日本人都是这么考虑的。日语中"余暇"这个词更印证了这点。"余暇"是指"剩余的闲暇时间",干活之外多余的闲暇时间才是放松、休息的时间。

我希望你将观念从"工作第一"切换到"玩乐第一",将玩乐与放松当作人生目的。首先确保玩、休息、放松的时间,定下这些时间,然后在剩下的有限时间里,用最大效率来工作。

通过这样的规定,工作质量会比懒散工作时的高,时间也会缩短,这样,玩与工作就有可能得到两全。比咬紧牙关、坚持"工作优先"的人拿出更高质量的成果,获得压倒性胜利。

工作与玩哪个更重要?说这话本身就是错误的。**工作与玩都重要。**特别是"玩乐优先",能够将人的精神、体力恢复到100%,分泌大量的血清素、催产素与多巴胺,在面对工作时能够提高注意力与意志力,获得好的效果。

工作与玩能够两全!关于时间的使用方法、玩法等将会在第三章进行详细说明。

将"工作量是别人三倍,玩乐量是别人两倍"变为可能

"**工作量是别人三倍,玩乐量是别人两倍**",这是我的口号,也是我的人生愿望,实际上,我觉着自己也实现着这样的愿望。

很多人会觉得,这种事不可能实现,这是因为他们是从"工作优先"来考虑问题的。以同样的工作效率,干其他人三倍的工作,然后剩下的时间用来玩的话,确实时间会减少。或者说,因为工作,回到家已经是非常疲劳的状态,没有精力可以花费在玩上了。

但是,考虑"玩乐优先"的话,会怎样呢?"多玩一倍"并不等于"多花一倍时间",而是得到"两倍满足"和"两倍享受"。

也就是说,**通过"多玩一倍",让身心得到充分放松,能够以完美的状态开始一天**,以完美的状态开始一周。或者,使用"倒计时工作法"等,以"玩"来决定截止日期,提高工作效率。这样就可以做到"工作量是别人三倍,玩乐量是别人两倍"。

很多"工作优先"的人,特别能干,在职场也很活跃,但结果并不是那么理想;与此相比,**本着"玩乐优先"能充分休息的人,动力更足,工作也更容易出成果。**

【桦泽的"玩"体验】其二

汤咖喱①

你吃过汤咖喱吗?这是北海道札幌的当地美食,近年来驰名日本全国。那么,是谁引发了这一波汤咖喱热潮呢?就是我,桦泽紫苑。

很多人肯定会觉得很惊讶,请让我娓娓道来。

🍛 邂逅

第一次吃汤咖喱,是在我大学二年级的时候(约30年前),当时我的朋友告诉我"有家超好吃的咖喱店",于是我们一起去了。那家店叫"斯里兰卡狂欢国"。它的咖喱是汤状的,非常清爽,但是又能感受到强烈的辛辣味,让人吃得停不下来,吃完了以后浑身冒汗。我受到了很大冲击,心想,"这个世界上居然有这么好吃的咖喱!"我非常着迷于这个味道,最疯狂的时候每周去吃3次。

当时,还没有"汤咖喱"这个词,这种咖喱被称为"斯里兰卡咖喱"或者"斯里兰卡"。

有一天我突然想到,"斯里兰卡狂欢国"这么好吃,那么在札

---

① 译注:スープカレー,一种比较稀的咖喱,在北海道很流行,是对传统咖喱的一种再创造,类似咖喱味麻辣烫。

幌的其他地方，会不会有比它更好吃的咖喱店呢？这么想着，我开始了寻访咖喱之旅。

独自制作了专门的汤咖喱探店网站

2000年左右，曾经10万日元以上的数码相机能以3万日元左右的价格买到，因而形成了一股数码相机热。在数码相机之前，照片都是用胶卷的，这个角度来说，数码相机的发明是划时代的。

我很快买了数码相机。要说买了数码相机拍什么呢？和现在的智能手机一样，主要用于拍和朋友的合影以及美食。

当时正在探访咖喱店的我很快就积累了十几家咖喱店的照片。照片这种东西，自己一个人看没有什么乐趣，要和别人分享才会更开心。

从那时开始，我开始做起了探访咖喱店的网站用于记录日常，网页名称是"札幌辛辣咖喱测评"，当时上网的人少，个人运营网页的也不多，博客之类还不存在。

转折点

在看到点击量后，我惊讶了，每天的观看者只有30个人。放到现在，随便在脸书（Facebook）或者照片墙(Instagram)上发布点什么，点击量都有30以上的吧。我有点儿沮丧：这么努力更新也没什么人看。

与此同时，我转念一想，既然谁都不看，就按照自己所想的去毫无顾虑地判断好吃与否吧，直白地写，有啥说啥。

开始这么做以后，我的网站人气直线上升。在探访店家的数量超过 100 家时，一天浏览量能到 1500，等我基本上把札幌的咖喱店都吃过一遍，数量超过 200 家店的时候，一天浏览量可达 3000。

1 天 3000 的网站浏览量，你可能觉得少。但是，我的网站主要是关注札幌的咖喱店，只有札幌的人才会去看。当时札幌的人口是 120 万人，所以如果以日本人口总数来等比计算的话，那么相当于 1 天就是 30 万，一个月 1000 万的浏览量，可以对标超人气的博客啦。

所以，我在网站介绍某家汤咖喱的新店之后，第二天店门口就会排起长队，这也可以理解了吧。

网络将一切变为可能

我的汤咖喱测评只是因为单纯的兴趣，想着记录一下日常，后来汤咖喱的热潮兴起，甚至十几年后，汤咖喱成为全日本有名的料理，这是我做梦都没有想到的。

最初我只是感叹：**"互联网真厉害啊！""有网络什么都有可能！"** 之后，我使用邮件杂志、推特、脸书等社交媒体，开展"预防精神疾病"的活动。这期间，之前做汤咖喱网站的经验帮了我很多。

玩到极致,便能"越玩越大"。

对了,"斯里兰卡狂欢国"现在已经不营业了,我再也没有遇到那么好吃的汤咖喱。

第3章

玩的六大"乘法"
享受生活兼顾自我成长

"好玩法"和"坏玩法"

在第二章中,我概括说明了"玩是什么""玩有什么益处"。

本章开始应该是你最关心的内容了,也就是**玩的具体方法和应该怎么做**。

首先,我们来思考玩乐方式的好坏。

一旦我这么说,可能会有人反驳,"玩乐没有好坏","只要开心,怎样玩都行,不是吗?"有人会这样想,是因为**至今为止,很多人的玩乐方式都是不好的。**

比如说追剧。现在的视频网站里有很多非常有趣的剧集,我也很喜欢。但是,一旦开始看了就很容易上瘾,有人甚至会一口气追完整部剧,也有人会在工作日看到凌晨 3 点。如果以第二天 7 点起床来算,睡眠时间只有 4 个小时。4 小时的睡眠时间会大幅降低工作的效率,也有可能会导致工作上的失误。

如果熬夜追剧与睡眠不足成为一种习惯,你就会被贴上"无能员工"的标签。公司对你的评价也会降低,升职加薪的机会会减少。

而且,睡眠不足会导致人情绪的不稳定,焦躁易怒,在公司的人际关系也会因此恶化，会让你为此感到压力和苦恼。

每天都有人来问我关于"职场人际关系的压力""工作不顺利"的问题，我想，最大的原因会不会是因为你睡眠不足呢？

对了，"睡眠不足"指的是每天睡眠时间在 6 小时以下。在日本，40 岁以下的上班族有一半人睡眠时间不到 6 小时，也就是说，大多数的上班族都处于睡眠不足的状态中。

工作不被认可的原因

不仅是电视剧，还有人玩游戏或者刷手机到深夜。我想应该有很多人是牺牲了睡眠的时间来玩乐。

看电视的时候是非常开心的！玩游戏的时候是非常开心的！

但是，**因为玩，牺牲了睡眠时间，使自己工作的效率降低，在公司的评价降低，人际关系也变差，如果是这样的话，这是种"好玩法"吗？**

你可能会想，开心不就好了，但是如果因为睡眠不足导致工作效率下降的话，那被领导同事发现的可能性很高。

虽然他们不一定会说出口，但是内心很可能会想"你这家伙怎么总是出错，好歹认真点儿啊！"

熬夜的时候，人体会分泌大量多巴胺，所以会感到兴奋快乐。但是，极大降低工作效率的玩法，是让你陷入"不幸"的玩法。怎么看这都是不好的玩法。

让人陷入"不幸"的玩法

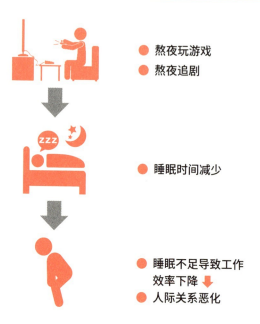

三种幸福

你的人生目标是什么呢?

面对这个问题,每个人的回答可能都会不同,但总体来说,应该是"变得幸福"——肯定不会有人希望自己"变得不幸""想要生病""把人生搞得一团糟"吧。

所以,"坏玩法"不可取,它会让你得到一时的快乐,却在快乐之后陷入不幸。

但是,即使说"幸福",这个词的意义也非常空洞。我写了一本书,内容是用简单的语言从脑科学的角度去把握"幸福"的本质,书名叫《三种幸福》(飞鸟新社)。

幸福是什么?接下来介绍《三种幸福》一书提出的主要观点。

我们感到"幸福"的时候,大脑发生了怎样的反应呢?可以这样说,感到幸福的时候是血清素、催产素与多巴胺分泌的时候。

也就是说,幸福有三种:

血清素带来的幸福
催产素带来的幸福
多巴胺带来的幸福

血清素带来的幸福是健康的幸福感；催产素带来的幸福是爱与连接的幸福感；多巴胺带来的幸福则是金钱与成功的幸福感。

换而言之，我们只要获得"健康""爱与连接""金钱与成功"这三项，就能幸福。反过来，失去它们就会"不幸福"。

比如说，生病、身体不舒服、孤独（没有朋友与伴侣）、因人际关系感到压力、贫穷、工作得不到认可、工作不顺心等，就是"不幸福"的状态。

也就是说，**能够增加"健康""爱与连接""金钱与成功"这三项的玩乐能够带你走向幸福。**

反过来说，对于这三项幸福有害无益的玩乐方式，就是"坏玩法"。

用这个标准来对照下"通宵追剧"或"玩游戏"。

牺牲睡眠时间去玩，对身体不好，会导致情绪不稳定（影响健康）、人际关系恶化（影响爱与连接）、工作效率降低及在公司的评价下降（影响金钱与成功）。

也就是说，**如果牺牲睡眠时间去玩，就会失去所有的幸福。**

所以用"三种幸福"的思维来考虑，就能够轻松判断哪些是"好玩法"，哪些是"坏玩法"。

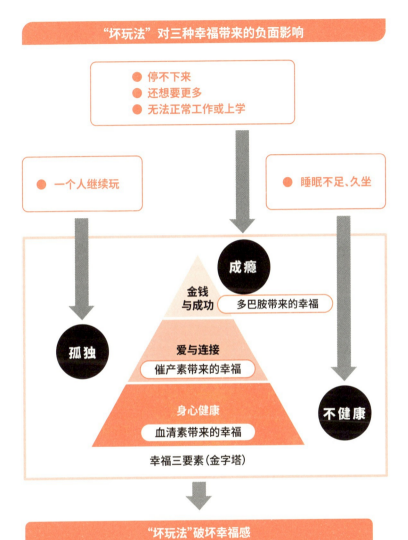

"好玩法"的四个标准

接下来我们来仔细考虑一下,到底什么样的玩法是"好玩法",什么样的玩法是"坏玩法"。

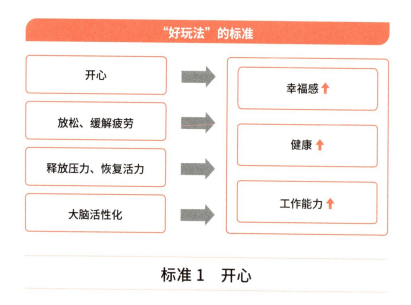

标准1　开心

玩的基本诉求是"开心"。然而,还有很多人玩得并不开心。

比方说,毫无目的地刷3个小时手机,真是开心的3个小时吗?或者说,打开电视,看了3个小时并不精彩的节目,会从心底感到这么做有意义吗?恐怕不会吧。反倒会让人觉得浪费了时间吧。

本应是开心地玩，但如果结束之后感到后悔，那就是"坏玩法"。

比如，和朋友喝酒，只要从心底觉得"啊啊！好开心！"就是好的玩法。但是如果和讨厌的人一起喝酒，那么就会变成"一直很介意对方，一点儿都享受不了喝酒的过程"。

如果是后者，那完全就是金钱与时间的浪费，不能称之为"好玩法"。因此，这种让人心情不愉快的喝酒聚会，就应该果断拒绝。

开心还是不开心，这是非常重要的判断标准。自己的人生才是优先的，所以增加开心的时间，减少不开心的时间，你的人生就会更加开心，更加接近幸福。

不开心的玩法，是《小红帽》里穿着外婆外衣的大灰狼，小红帽被大灰狼骗得团团转后，还会被吃掉。

你享受这个活动吗？你能够从中获得快乐吗？对你来说这是最好的时间使用方式吗？如果以"开心"为标准，经常自问自答一下，那么玩的质量一定会提高。

标准 2　放松

张弛有度，我认为这是最好的工作技巧。很多人都认为，不管三七二十一，只要努力就能成功，这完全是大错特错。

努力工作，加班到深夜，因此没有办法充分休息，连睡眠时间都被挤占。那么第二天的效率会降低3成，如果考虑到周末又降低5成，为了弥补亏空，最终不得不继续陷入加班的泥沼。

正确做法是，白天加油工作，晚上回家休息，好好恢复，然后第二天，继续以100%的效率工作。工作有张有弛的人，即使到了星期五也能拿出100%的效率来工作。

比起勉强努力的人，好好休息的人工作效率绝对更高。他们能够在短时间内更高效高质地完成工作。

为了高效完成工作，休息、恢复是绝对必要的。非常清楚地意识到这一点的职场人士只占很少一部分。这意味着，如果具备需要休息的意识，懂得有张有弛地工作，你也可以成为能干的职场人士。

你可能会想，因为太忙了，没时间休息。**但正因为忙碌，所以如何安排回家后的几个小时是非常重要的。**

偶尔去一次卡拉OK、俱乐部，大声喧嚷一番，或是参与令人精神兴奋的活动也不错，但是通过有意识的"缓解疲劳的玩乐"和"放松娱乐"，也可以创造出工作的张弛感。具体方法后面我还会讲到。

标准3　释放压力、恢复活力

有很多人，玩是为了缓解压力。但是**如果挤占了睡眠时间，那么通过睡眠能缓解的压力没有被消解，反而越积越多。**

通宵唱卡拉OK来释放压力，即使当时心情舒畅，但是如果因为睡眠不足导致压力增加，那就本末倒置了。

有很多人会通过喝酒来释放压力。但是如果一个人，脑疲劳的压力本来就已经很大了，再每天喝酒的话，皮质醇的分泌就会增加，睡眠的时间与质量也会更加低下。科学角度来说，过量饮酒、每天饮酒不仅不能释放压力，反而还会增加压力。

为了释放压力而进行的玩乐、娱乐、消磨时光的方法，其实反而有可能增加压力。

工作时即使你什么都不刻意去做，还是会有工作的压力、人际关系的压力，所以我希望你在工作结束后的时间里避免增加压力，把时间用在能够真正消除压力、恢复活力的活动上。

换而言之，**能够释放压力，恢复活力，让人真心感到"明天我也要好好努力"或"下周我也要认真工作"的玩法才是"好玩法"。**

而让人还没上班的时候已经进入疲劳状态的玩法，是"坏玩法"。

"促进健康"可以用恢复活力、释放压力、放松这三项来考量。可以促进健康的玩法是好的，反之则是不好的玩法。

标准4 促进大脑活性

运动之后，大脑会分泌BDNF（脑源性神经营养因子），人就会变聪明。

能提高乙酰胆碱活性的玩法会提高创造力与记忆力。通过艺术熏陶培养的审美观念,在职场也很受用。在社区与陌生人交流,能够培养沟通能力。

好的玩法,能够促进大脑活性、提高记忆力、注意力、创造力、沟通能力、输出力,有训练大脑的效果。

训练大脑的效果可以直接应用到你的工作,以及与朋友、伴侣的交流等私人场景。也就是说,通过正向的玩法训练大脑,会让你的工作、社交生活与个人生活越来越顺利。

因此,能够**提升大脑活性、让大脑有训练效果的玩法就是"好玩法"**。没有让大脑达到训练效果或者让大脑疲劳、降低大脑工作效率的玩法是"坏玩法"。

"好玩法"清单

① 让人开心
增加开心的时间,减少不开心的时间,与幸福息息相关

② 能够让人放松
能在工作以外的时间里让身心得到放松,张弛有度的人更能提高工作的效率

③ **能帮助释放压力,恢复活力** ☑

如果玩反而让压力增多,这就是本末倒置。让人觉得"明天开始可以努力工作"的游戏能够提高工作动力

④ **玩能够增加大脑活性** ☑

记忆力、注意力、创造力、思考力、沟通能力、输出力得到提升,工作与个人生活都会越来越顺利

"坏玩法"的五个特征

反过来考虑一下"坏玩法"的特征。这是"好玩法"的对立面,让我们具体来看一下。

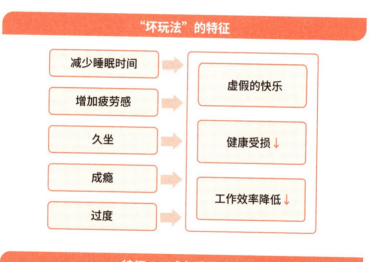

特征1　减少睡眠时间

因为玩挤占睡眠时间的人相当多,特别是二十多岁,三十出头的年轻人。通宵喝酒、唱歌、跳舞,这样的话,第二天必然会疲劳。

周五、周六的话有人可能觉得没问题,但其实通宵一晚对身体的影响需要花好几天来恢复。

再说说工作日，第二天明明还要上班，却忍不住打游戏到深夜两三点，或者是想一口气把电视剧看完而熬夜，这样的人也是为数不少吧。

睡眠时间少于 6 小时就是睡眠不足，会降低第二天的工作效率。 如果连续一周每天都少于 6 小时的睡眠，人的注意力就会降低到和熬夜差不多的水平。

无论多么健康的娱乐活动，一旦影响睡眠时间，就会对大脑和身体产生负面影响。换言之，这是不健康的玩法。

睡眠不足会大幅降低工作效率。如果你一直犯错、被领导批评，那很有可能就是因为玩占用了睡眠时间所导致的。

特征 2　增加疲劳感

玩的重要功能是缓解疲劳、放松身心，为的是明天、下周能够元气满满地工作。让疲劳感增加的玩法会对工作带来负面影响，甚至成为正常工作的障碍，显而易见，这种玩法是不好的。但不知道为什么，人越是疲劳，就越想参加让人更疲劳的游戏。

疲劳的时候不应该参加的娱乐活动有：令人兴奋（肾上腺素上升）的活动，饮酒、熬夜等导致睡眠时间减少的活动。此外还有不想见人、不想出门却还是勉强参加的活动。

另外，对于已经进入疲劳状态的人来说，平时正常状态下能够转换心情的活动，有时候也会给身体带来负面影响。

一般情况下，和朋友喝酒聊天，是非常好的转换心情的活动。但是如果进入身体疲劳模式，勉强和朋友喝酒聊天就会变成一种负担，有百害而无一利。这时候应该早点儿回家睡觉。

有很多人休息日什么都不想做，只想一直睡到中午，这是疲劳累积的表现，甚至有可能预示着这些人已经成为抑郁症候补大军中的一员。

增加疲劳感的玩法是有害的。

特征 3　让人久坐

最新研究表明，久坐对健康非常不利。有研究表明，**每久坐 60 分钟就会导致寿命缩短 22 分钟。**

有人会想，没关系，我每周会去三次健身房。但是也有研究表明，久坐对身体产生的损害是不能通过运动来弥补的。

也就是说，**辛辛苦苦每周去三次健身房流了汗，但是只要一直坐着打 4 个小时游戏，对身体的损害仍旧会存在**。不仅如此，负面影响比正面效果要更大。

久坐会导致脚部血流不畅，继而全身血液循环也会不畅，类似于长时间坐飞机引发的"经济舱综合征"。

血液变得黏稠以后容易引发脑梗死和心肌梗死。另外，**久坐也会令大脑活性下降，导致效率降低**。假如你因为打游戏而久坐，大脑"开心"的能力也会降低，进入"漫无目的地持续打游戏"的状态。

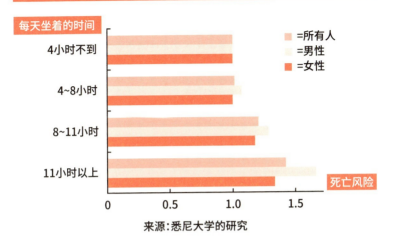

久坐的娱乐场景有打游戏、看电视、刷视频、上网等。经常有人说我是反对玩游戏的人,我其实并不反对,反而认为如果能控制游戏时间的话,每天玩会儿游戏,是一种很好的娱乐方式。

但是,很多游戏容易令人上瘾,经常有人一不小心就玩个三四个小时,而且期间一次都不站起来。

不单是玩游戏或看电视,只要久坐就对健康有害。

特征4 容易上瘾

酒精依赖、尼古丁依赖、赌博成瘾、购物成瘾……你可能听过这些词,这类的嗜好行为很容易成瘾,都会促进大量的多巴胺分泌，人会因此感到快乐、幸福。

有人可能会想，大脑分泌幸福物质，让人感到愉悦，这不是好事吗？但是，**能够简单得到的快乐，容易让人上瘾。**

人会很容易习惯多巴胺的存在，因此在重复相同刺激时，满足感会逐渐下降，也就是说，多巴胺是一种需求越来越大的物质，与"想要更多"的欲望相关联。

"再多喝一点儿""多抽一根""想要再赌一把""想再买点儿什么""想再玩一局""再看一会儿手机"，这样，**人"再多一点儿"的欲望会无限增加。**

于是人们就会无法自拔，甚至陷入上不了学、上不了班的状态。如果一个人有以上症状的话，我们就怀疑他（她）患上了很强的依赖症。

这些娱乐活动让大脑分泌大量多巴胺，这样虽然会让人觉得非常快乐，但相应地也非常容易上瘾，是十分危险的娱乐。

和前一项"增加疲劳感的娱乐"相同，**人陷入身体和大脑的疲劳状态后，大脑前额叶的"忍耐"功能就会减弱**，此时会比健康、有精神的时候更容易陷入某种依赖状态。因此，不建议处在疲劳状态的人进行依赖性的娱乐活动。

你有没有这种感受，越是疲劳，越是想要玩？游戏、手机、喝酒、赌博，这种**依赖性娱乐不需要思考和努力就能轻松获得快乐，所以越累、越不想思考的时候，人对依赖性娱乐的需求就会越高。**

有人会认为，酒精依赖、赌博上瘾这些和自己八竿子打不着，但是最近有研究发现，游戏依赖症、智能手机依赖症、社交媒体依赖症等问题还存在着。高中生、大学生、20多岁的年轻人中，患有这种依赖症的人在急速增加。

患上游戏依赖症、智能手机依赖症后，人就不想上班上学了。有些人会一直宅在家，日夜颠倒，通宵打游戏或者上网，然后一觉睡到中午。

这样的状态已经谈不上快乐，而是单纯的"惰性"状态了。不用"依赖症"这种文雅的词汇，用"游戏中毒""智能手机中毒"来表述比较通俗易懂吧！

这种依赖性很强的娱乐非常危险。并非所有的游戏与社交媒体都是不好的，但是如果没有自制力，过度沉迷，很有可能葬送人生。有依赖性的娱乐是危险的，是有隐患的，是需要我们警惕的。

特征 5　过度

这是发生在我朋友 A 身上的事情。体重达到 90 公斤以上的 A，想着"一定要瘦下来"，决定要参加全程马拉松。他非常有毅力，每天坚持跑 10 公里进行训练。

不幸的是，因为体重过大，突然开始的高强度运动导致他股关节受损，最终移植了人工关节，全程马拉松也没法参加了。

运动对健康有益，但是超过自己的极限，过度勉强就对健康有害了。

我推荐"晨起散步"。我正在治疗的一位患者 B 说："我每天早上都起来散步，但是很容易疲劳，导致接下来的上午什么都做不了。"我问："你每天散步多久？" B 说："一个小时。"

我通过书和社交媒体建议过，**晨起散步的时间最好控制在 30 分钟以内。**当散步时间超过 30 分钟时，血清素就会失去活性，疲劳感会增加。

无论对健康多有益的习惯，一旦过度就会反过来危害健康。

玩也是如此。我没有断言，游戏是绝对不好的。如果一天玩两个小时的游戏，那是非常好的娱乐方式。

但大多数的人都做不到。一旦开始，就会有"最后再来 30 分钟""真的是最后 30 分钟了"的情况，一不留神就连续玩了四五个小时，甚至玩到凌晨。

这个结论适用于所有的娱乐活动，即，一件事情一旦过度，无论对大脑也好，对身体也好，都有危害。无论怎样的娱乐玩法，过度了就会让人"不幸"。

很多人抱怨没钱、没时间，其实这未尝不是好事。正因为钱和时间有限，才一定程度上规避了"过度"。

"坏玩法"清单

① **减少睡眠时间** ☐
睡眠时间减少会显著降低第二天的工作效率

② **增加疲劳感** ☐
疲劳时参加让人兴奋的娱乐活动反而会增加疲劳感

③ **让人久坐** ☐
久坐后血液会变得黏稠，大脑供血减少，导致效率低下

④ **容易上瘾** ☐
烟酒、赌博、购物等能够激发多巴胺分泌的简单娱乐活动容易让人产生"想要更多"的欲望，然后变得难以停止

⑤ **过度** ☐
无论是运动还是早上散步，虽然对健康有益，但过度的话也会对身心有害

谁都有可能陷入"坏玩法"（现身说法）

赶紧停止"坏玩法"吧！虽然这么说显得我很傲慢，但正是因为我有过惨痛的教训，才会高声呼吁，希望大家不要走我曾经走错的路。

那是我成为医生之后两三年的事。当时，我每天晚上九十点才结束工作，半夜又会因为病人病情恶化、救护车送来新病人等原因被叫回医院，连周六日也得去医院巡诊。

本来10点结束工作就够晚了，应该赶紧回家休息才对，但是因为我每天都感受到巨大的压力，所以不自觉地就想喝酒。每次都喝到两三点，第二天再7点起床，8点半开始看门诊。20多岁时体力充足，所以即使睡眠不足也能扛过去。

然而，如此生活的第三个冬天的某个清晨，我起床后发现自己耳鸣了。开始，我以为是因为气温过低（低于零下10度）导致的，但是耳鸣情况一天天恶化，渐渐地，连病人的说话声也听不清楚了。我去耳鼻咽喉科看了一下，被诊断为"突发性耳聋"。

我问："为什么会这样？"医生说："因为压力"。神经科医生因为压力导致突发性耳聋，这实在有点儿说不过去。我想大概是精神压力、过量饮酒和睡眠不足这三个原因共同导致的吧。

医生告诉我，"这么下去，耳聋症状有可能会持续一生。"从那天起，我洗心革面，首先是戒酒并保证每天7小时的睡眠时间。其次，下班后立即回家，有意识地在家放松。幸运的是，改变之后,耳聋症状在一个星期内得到了改善。

工作以后,人们可以自由支配的金钱增加,因此容易沉溺于"坏玩法"之中。"坏玩法",特别是减少睡眠时间的玩法,是非常不好的。我在社交媒体以及自己的书里反复强调,"睡眠时间很重要",这其实是源于自身的惨痛教训。

工作忙碌的人,大多容易沉浸在纸醉金迷中,但其实这样是不好的。

应该把业余时间用在更好的玩法上,比如放松、消除疲劳等,才能恢复身体与大脑的状态。

睡眠与休息才是消除压力最好的方式。希望各位读者不要像我一样,等到生病才追悔莫及。

玩的六大"乘法", 玩得开心,玩得尽兴

人们忽视玩乐,究其原因,是因为觉得"玩"不过是"消磨时间"而已。本书的视角,是将"玩"与其他因素放在一起做乘法,从而产生附加的价值。

下面,我来说明将"玩"的效果最大化的六大"乘法"。

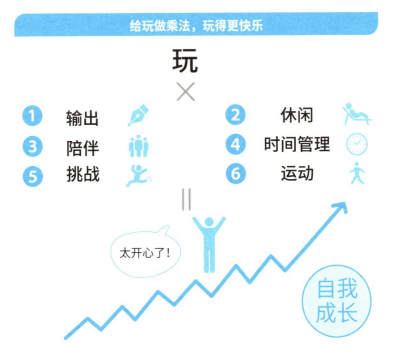

给玩做乘法,玩得更快乐

玩 ×

1. 输出
2. 休闲
3. 陪伴
4. 时间管理
5. 挑战
6. 运动

= 太开心了! 自我成长

乘法 1 玩 ╳ 输出

边玩边成长

通过玩获得自我成长！

通过玩，走出舒适圈，其结果是自我得到成长。我之前提过，学习与工作能够促进自我成长，这是每个人都知道的。但是，如果说兴趣爱好与玩乐也有此功效，或许有些人会感到意外。

在拙著《输出大全》中，我以脑科学为依据归纳了自我成长的法则——"输入→输出→反馈"的循环。

那么在玩中，如果能够实现"输入→输出→反馈"这个循环，人就能够快速成长。

通过输入，人们学到东西，如果不输出（说、写、行动）的话，是不能掌握的，现实世界也不会有变化。

即使输出了，也不可能一下子拿到满分，一定会存在问题和缺陷。如果不做任何改良，那么人就会在同一个地方屡次摔倒。

彻底面对自己的问题和弱点，补足并强化，那么下次遇到同样的问题和挑战时，就可以得到比过去更好的结果。这就是成长。

比如读书时，可以在记录感想的同时写下"TO DO（要做的）三件事"。这三件事就是应该做的事情，想要做的事情，列入每天行动的事情。

牢记"TO DO 三件事"，从第二天开始实行，你的行动就会与读书前相比有所改变。从"好的行动"开始，增加"好的习惯",人自然而然会获得成长。

以此为基础,思考你想要进一步提升的能力,重新审视自己想要什么状态(反馈),然后找到与这个反馈相符的第二本书,再写下"TO DO 三件事"并行动(输出),之后再次反馈。

扎扎实实地进行 5 次这样的循环,你可以得到 15 个正向行为变化。因此即使只有 5 次循环,你也可以得到飞跃性的成长。

没有必要读很多书。**每读一本都践行"输入→输出→反馈"的循环就可以了。**我建议"深读",也就是深入阅读,将书中所得到的感悟切实变为行动,每读一本书都能有实实在在的成长。

没有反馈，就没有成长

我们来聊一下读书以外的例子。

比如说下象棋。下象棋的人会在每次伸手落棋前反复思考这一招是好是坏，以及有没有更好的对策。每次伸手就是输出，相应会产生反馈。

对方每落下一子，我们都会思考这一着有什么意义？要如何应对呢？这样，对方下的棋成为一种输入，那么为了接下来的应对，自己的大脑就会高速旋转，产生输出。

另外，在象棋结束后，还会进行"感想战"，即将刚才的对战进行复盘，会想"如果那时候下了另外一着棋，就会变成那样吧"。一边再现对战，一边在过程中得到反馈，从中得到的"注意点"和"发现"会在下一次对局中得到应用。**从反馈中得到的"注意点"与"TO DO"，能够带来自我成长。**

演奏乐器也是如此，每弹出一个音符，是一种输出；每演奏一首曲子，也是一种输出。演奏一遍曲子，找到"这里不错""这里不行"，发现所谓的问题点，然后重点练习，最后重新从头弹一遍，就是一种很好的反馈成长。

这样，会比前一遍弹得更好一点儿。**这就是进步，就是自我成长。**

体育活动也是如此。尝试着做某个动作，找到自己做得好的与不好的地方，发现问题点，然后修正，如此反复练习。

通过比赛，同样可以找到自己的问题点，强化训练，提高技能，从而变得更强。

手工活动也是同样道理，人们想做出更好的作品，在过程中就要不断发现自己"不会做""做不好"和"做得不够好"的地方，然后改善进步。哪怕是一点点的改进，也可以逐渐提高，获得自我成长。

所有的玩都是成长

读书也是这样。读完一本书就结束，没有任何输出的"输入型读书"在几个月后就会忘记内容，然后也不会带来任何行动的改善。也就是说，完全不能带来自我成长就结束了。

很多人以为，读书会带来自我成长，这是完全错误的想法。并不是因为读书所以成长了，而是在经历"输入→输出→反馈"循环以后才发生了自我成长。即使读了100本书，如果不和任何人聊书中的内容，什么也不写，也不反馈到日常行动中去的话，应该也不会有自我成长。

不过，读书确实容易产生输出（如写出感想、通过读书意识到应该做的事情等），这也是事实。因此，读书和其他的放松活动相比，更容易进行"输入→输出→反馈"的循环。因此可以说，读书比较容易引发自我成长。

反过来说，**即使是游戏和漫画，也可以从中得到"注意点"与"TO DO"事项。只要能关联自己的行动，就有可能实现自我成长。**

最近，游戏体育化的"电子竞技"开始盛行，还出现了职业的电竞选手。

电竞选手们在每次比赛后会进行反馈，找出自己不擅长、没发挥好的点，努力克服这些问题，为下次比赛做准备。这就是一直在做"输入→输出→反馈"的循环。

大多数人，玩了6个小时的游戏，说一句"真好玩"就结束了。没有完全输出和反馈，所以无法成长。事实上，**"输入→输出→反馈"循环的反复才能够带来自我成长。**即使在兴趣爱好、娱乐和玩乐中，只要意识到这点，就能够锻炼提升你的各种能力，获得成长。

通过"输入→输出→反馈"获得自我成长

自我成长

输入　输出

反馈

将所有的娱乐变成"可获得幸福的"娱乐

我非常喜欢电影，这也是我最推荐的娱乐活动之一，在本书中也多次提到。

然而，在电影院看了电影，感叹一句"真好看"就结束了的话，不过是**"被动型娱乐""输入型娱乐"**。

在"真好看"的感受中,你度过了两小时的愉快时光,但一个月后可能就完全忘记了电影的内容。这样的话,就没有什么可以与自我成长关联的内容,这其实是一种浪费。

我一直建议大家,看了电影就输出。看了电影后,可以和一起看电影的朋友、恋人、家人说说电影的内容;把自己的感想归纳成文章,发布在社交媒体上;在备忘录与笔记本里写下这部电影值得关注的地方。

电影剧情多是描绘人生的,其中一定有值得你注意与发现的东西。如果没有,那你可能是"被动型",即没有任何思考、漫无目的地看着电影。

人类的大脑会将重要信息留存为记忆,然后将不需要的信息抹去(如果不这样,大脑就会信息爆炸了)。所谓重要的信息就是那些反复被使用的信息。

不输出,信息就会消失

只输入一次的信息,大脑会判断它不重要,然后渐渐抹去

通过输出,信息被回想、再利用,这是很重要的!

因此，**通过输出来回想、再利用信息，记忆会得到强化。**或者，**通过对某一点信息的关注，让大脑形成新的回路，这就是自我成长。**

通过"看了电影就输出""电影 × 输出"这样的方法，你就可以结束只有"啊，真有趣"的"输入型娱乐"，将其转换为给你带来极大成长的"输出型娱乐"。

电影在"看完之后"才有趣

输出是快乐的，因为可以向别人传递自己的想法和思考。通过自己的输出，可以获得理解；通过对方的输出，可以理解对方，加深相互的关系。这就是交流。

交流是相交与流通。如果是完全没有共同话题的人，很难与他交流，相比之下，对于和自己有很多共同点的人，更容易有共鸣。这在心理学上称为"相似法则"。

性格完全不同的两个人看了电影，也会因为看了同一部电影产生共同之处，聊天能够顺利进行，关系也更容易得到深化。

很多人认为看电影时最开心，但是我觉得看完之后才是最开心的。向其他人介绍那部电影；在网上查阅资料揭开谜题，得到"原来是这样啊"这种令人安心的答案；阅读电影作品的制作花絮，了解到"原来拍摄过程这么艰难啊"；把对电影的感想用文章归纳，用博客、邮件杂志发布，用客观的文字来填充自己的大脑。

输出的方法之一——"语言化"是获得快感的一大方式。将自己所想变成文字的欢欣是巨大的。

看电影这个动作本身是"输入",关于电影的聊天是"输出",与人交流电影感想是**"输入"**与**"输出"**的交织,这就是**"交流"**。

总而言之,通过"电影 × 输出"这个过程,可以体会到除了电影本身之外的输出乐趣。也就是说,仅看电影,也可以有数倍的享乐之处。

输出使人不断提升

看完电影立即输出,特别是通过写作来输出,写作水平会得到巨大提高。**通过写作,能够锻炼逻辑思维能力。**

另外,通过观察与记录电影的细微部分,**人的观察力、洞察力**会得到提升。去考虑为什么这个人这么行动,然后得到自己的判断,获得洞察别人心情的能力,也就是**共情能力**。养成在网上查阅电影未解之谜与疑问的习惯,可以培养**检索能力与问题解决能力。**

像这样,将电影与输出组合起来,可以极大程度地训练大脑。其结果,一边玩,一边就能提升自我。

锻炼"语言能力"

说话、书写与行动。输出能够锻炼各种各样的能力,是训练大脑最好的方式,在这些能力中,我最关注的是**通过输出强化的"语言能力"**。语言能力是用语言来表达的技能,通过将感情、直觉性的东西用语言来转化,使得这些无法说明的东西变成可以传达的。

有个词叫"语言化",是心理学中的一个术语。心理学中,患者把心中所怀有的茫然的感情和想法转换成语言,就是"语言化"。这在咨询与治疗的过程中,是非常重要的一环。

能够用语言说明,意味着已经能够客观认识这个事物。也就是说，**可以应对解决了。**

比如，有一种感受是原因不明、无法琢磨的"茫然的不安"，人们通常很难对它进行合理的应对与处理。我的建议是，可以思考是什么时候、在什么场景下有这种不安的感觉？这种不安持续了多久？在什么状况下，不安的感觉会得到减轻呢？

把这些问题一个个转化为语言后就能够看清"不安"的本质，也就是其原因。然后才是如何变得"安心"。

顺便说一句，神经科的患者大多语言能力不强，往往陷入**"缺乏语言能力→不擅长理性思考→容易放在心中→无法应对"**的情况。

语言能力是一种观察能力、自我分析能力，也可以说是一种说明能力、逻辑思考能力。语言能力高的人，认识现实能力高，也就是说，更能够客观、冷静、中立地把握当前正在发生的事情。

每天记日记能够锻炼语言能力。**通过日记，可以分析自己的烦恼与压力，从而在早期发现自己的问题。**这是预防精神疾患最好的方法。

值得说明的是，语言能力强的表现为，可以用语言描述失败的原因。也就是说，"反馈力""修正力"会很强。如果好好地反思、反馈，那么就不会重复同一个失败；如果能够将失败变为经验，那么每次失败都能获得飞跃性地成长。

"语言能力"的力量

合理应对、处理"茫然的不安"

客观看待自己的感情与状况,冷静、中立地思考

能够分析自己烦恼以及压力的来源

自我分析失败原因并改正

反复失败的原因

语言能力不足的人,不能够用语言顺利说明为什么失败,为什么进行得不顺利。也就是说,对"为什么搞砸了只能说不知道"。

这样的人无法说明失败的原因,就会接二连三地失败。

不过,即使你发现自己语言能力比较低也不必沮丧。听到别人对自己的意见,能够当场很好的回答的人不过只有十分之一而已。

不过,反过来说,**语言能力强的人在职场、商务场合极为有利,可以排在前10%。**

特别是进入AI时代,比起"输入型工作",更需要"输出型

工作",语言能力会成为胜负的关键。

锻炼语言能力非常简单,每天坚持输出就可以了:
·读书后写读后感
·观影后写观后感
·品尝美食后写感想
·把今天发生的开心的事情写出来

每天坚持至少 15 分钟的"玩 × 输出",只需要 3 个月,语言能力就会迅速提高。其实,在我的线上社区和官方主页粉丝俱乐部中,经常举办"输出"活动,有些人仅在两三个月间做了几次演讲,输出能力就得到了巨大提高。

比起"说话","写作"更能帮助人在短时间内提高语言能力。特别是在社交媒体等具有众多不特定观看对象的媒体里写作,会有紧张感,成长速度也会加倍。

通过这样的"玩 × 输出",快速提高语言能力。你的人生,也可以轻松改变。

观影后记得输出。
读书后记得输出。
看了有趣的电视节目后记得输出。
旅行时,除了拍照,记得输出这种愉快的经历。
品尝美食后,除了拍照,记得把感想输出到社交媒体上。
将今天一天的开心事,输出到日记里。

不仅限于观影与读书,所有的"玩"和"开心的体验"都应该输出。

通过输出的乘法,你的大脑将被激活,变得更聪明!通过输出,还能加深记忆力。

每天将开心的体验输出,你的脑海中将被"开心"填满,将"今天很开心"重复 365 天、10 年乃至 50 年,就成了"开心的人生""幸福的人生"。

消除负面体验的方法

人会不由自主地记住辛苦的体验和痛苦的经历。大脑在痛苦的时候会分泌"去甲肾上腺素",这种物质增强记忆的能力非常强大。假设你有一段被领导批评的经历,即使已经是数月前的事情,依然能很清晰回想到这种"失败的体验",这就是随着不安与恐怖所分泌的去甲肾上腺素的作用。

"输出"可以帮助增强记忆力,效果明显。

比方说,你在白天经历了"被领导批评"这样的消极体验。下班后经历了"观看电影"这样的积极体验。这时候,对大脑来说,消极体验的印象更深。因此,如果你什么都不做就直接睡觉的话,这段消极体验会长久停留在你的脑中。

因此,需要做的事情是观影后做输出,跟家人、朋友、恋人分享这部电影,或者在社交媒体上发布感想等。

这样的话,大脑根据"反复使用的记忆需要保存"的法则,增强了记忆。**其结果，会加深大脑对于积极体验的印象，你会觉得这一天特别美好，带着幸福感入睡。**

通过"× 输出"变得幸福

很多人说自己"工作太忙了没有时间输出"。**仅仅 5 分钟、10 分钟的输出，今天一天就会变得幸福，只要将这个动作反复 365×50 次，人生就会变得幸福，所以，没有理由不去做。**

不仅是玩，工作中的成功和快乐的经历，比如被领导表扬了；被评为"月度最佳员工"；自己的演讲获得成功；顺利和大企业签约；收到客户的感谢邮件等，把这些成功和快乐的经历输出也是非常好的事情。

不过，这些开心的事情只是偶尔发生。至少，不是每天都发生的吧。正因如此，"玩 × 输出"才很重要。**将玩乐、兴趣爱好、娱乐等快乐体验输出，是简单且有效的。**

乘法 2　玩 × 放松

利用副交感神经完全放松身心

不能放松的话，总有一天会崩溃

有张有弛。这是我最喜欢的话，也是保持健康的最大秘诀。

大部分人很喜欢"加油"，不懂得"放松"。大概是因为，大家会觉得"放松"是在偷懒。但是，**放松和偷懒，完全是两回事。**

假设有一张弓。你拉满弓弦，然后松手，箭就会以非常快的速度飞出去。但是，如果弓弦已经张满，再强行拉得更紧的话，弓弦就会绷断。或者，在拉满时不松手，弓弦一直过于紧绷，最终弓就不能用了。

正因为紧张过后有放松，下次才能继续发挥，这是顺理成章的事情，但是在实际生活中，有很多人不能做到张弛有度。

白天拼命干活。回到家后，忘记工作，通过爱好、玩来放松和调节心情，消除疲劳，好好睡觉，第二天也能够以100%的效率来精神满满地工作。

人生像马拉松一样，不能做到有张有弛，而是全程一直全力奔跑的人，很可能会在中途晕倒，甚至有可能提前退赛，也就是生病。

因此，应当有意识地将"休息""放松"嵌入生活之中，做到张弛有度，也需要将玩与放松结合，最好能在睡前以及休息日的时候积极放松休闲。

不会放松的人容易生病

精神疾病患者中很多都不擅长放松。与其说"不擅长"，不如说"做不到"。

比如说某位抑郁症患者，在家休养一个月期间，如果能好好休息的话，病情是会得到改善的。但是，他做不到"好好休息"。明明人躺在沙发上，心里却想着："我负责的工作，交给了部下B，是不是顺利进行着呢？真令人担心。如果失败的话，是我的错。哎，果然现在不是请假的时候。我得早点儿回单位，真是让人担心。"这样，这位患者的头脑里充斥着负面的思考，一直感到担心与不安，和放松完全是相反的状态。

如此便完全失去了休假的意义，也得不到有效的休息。我做了30年神经科医生，终于意识到，**精神疾病的患者大都不擅长休息和放松。**

他们虽然很擅长"加油"，但是不会"休息"，所以工作结束回到家也一直维持着"紧张模式"。疲劳无法缓解，压力逐渐累积，直到某天绷不住了，患上精神疾病。

擅长休息、放松的人擅长切换"工作模式"与"休息模式"。 即使工作很辛苦，也可以通过"休息模式"来完全恢复。因此，第二天可以继续精神饱满地工作,不积累压力。

反之,
- 不擅长在工作与休息之间切换的人
- 不能放松的人
- 回到家也只考虑工作的人

没有恢复的时间,容易罹患精神疾病。如果你有上述迹象,可要小心了。

"放松"到底是什么?

让我们将玩与放松结合在一起吧!这么说来"放松"到底是什么呢?对我来说,是种可以优哉游哉长舒一口气、像被治愈了一般、平和的感觉。作为心情可以理解,但还是抽象了一点儿。

从医学角度来说,放松是人体从交感神经切换为副交感神经的状态。

交感神经又被称为"白天的神经",负责提高人的心跳次数、呼吸次数与体温,将身体保持在活动状态。副交感神经则被称为"夜晚的神经",负责降低人的心跳次数、呼吸次数与体温,使人进入休息状态。

从交感神经切换到副交感神经,就是放松。

为了进入深度睡眠,必须要进行这种切换。如果大脑没有放松,比如一直思考事情或者担心某件事,身体就会判断为某种危险正在迫近，从而让交感神经支配身体。此外，身体也会分泌肾上腺素，使得交感神经更为活跃。

总而言之，担心、不安、愤怒等负面情绪会妨碍放松，最终，还会妨碍睡眠。

支配身体的神经切换到副交感神经后，身体就会处于安心的状态，脑海中有安心、舒适、被治愈之类令人放松的柔软的幸福感（也就是血清素带来的幸福、催产素带来的幸福）。这样，身心都能得到放松，可以进入深度睡眠状态。

不放松就会生病的原因

如果不能放松，带着不安与担心的情绪入睡，人会怎样呢？副交感神经在人睡眠时会指挥细胞对身体进行修复，从而提高免疫力，破坏癌细胞，在睡眠中对身体进行必要的维护。

半夜在高速公路上奔驰，有时候能看到一条车道因为道路施工被封闭。这是因为白天交通量比较大，所以不能进行施工，但如果不做维护，路面就会逐渐变得高低不平，可能会导致大事故。因此，人们选择半夜修缮受损的路面，进行路面铺装等维修工作。这个大家都能理解的吧。

人的身体也是如此。白天身体处于活动状态，没有空闲去修复细胞与脏器，进行免疫活动。因此，这些事情都是在夜间进行的。负责指挥的就是副交感神经。

如果老想着或者担心某些事情入睡，指挥身体的依然是交感神经，修复工作就不能充分进行。这样，细胞与脏器的修复、癌细胞的免疫等工作就无法充分进行，人就会容易罹患动脉硬化或者癌症，造成急性心肌梗死或脑梗。

白天，交感神经处于优势地位，可以充满干劲地工作，但回家以后，还是建议能够慢悠悠地度过。如果不将优势神经切换为副交感神经，就没有养护身体的时间了。

副交感神经指挥身体在夜间进行修复

- 细胞与脏器的修复
- 免疫活动
- 放松
- 缓解疲劳

睡前放松两小时帮你进入深度睡眠

睡前两小时的放松，真的很重要。通过睡前两小时的放松，优势神经可以从交感神经切换到副交感神经，帮助人进入深度睡眠状态。

如果匆匆忙忙度过睡前两小时，就很难切换到副交感神经。交感神经依然处于优势地位。人没有睡意，长期睡不好，就会导致睡眠障碍，不吃安眠药就无法入睡。

为了进入深睡眠以及第二天能够充满干劲地工作，绝对有必要进行"睡前两小时的放松"。

然而，大多数人回家以后也会到处忙个不停，要做打扫卫生、洗衣服、洗碗、扔垃圾等家务，非常忙碌。但是，如果不放松就直接睡觉的话，疲劳与压力会侵害你的身体与心灵。

正因如此，睡前两个小时有必要有意识地、积极地放松。而且必须要知道关于放松的基础知识。窝在沙发里打游戏、玩手机，不是放松。即使早早躺下，但是在睡前不停回想今天在公司里被领导批评，也不是放松。

放松的法则——锻炼四感

说到让我们放松身心，让我们花时间放松，就会有人问，到底该怎么做才能放松。下面我将分享"放松的法则"。

只要符合某些条件，人就会放松，我们可以从**"锻炼四感"**开始。人们常说的五感是指视觉、听觉、嗅觉、味觉、触觉。其中，除了视觉刺激会让大脑兴奋，其他四种感觉都能帮助身心得到放松。

比如，通过听音乐、海浪等自然声得到放松，这就是**听觉**；通过香薰、线香等舒缓情绪，是**嗅觉**；通过按摩达到身心的舒畅感是触觉，撸撸猫狗、摸摸毛绒玩具，让心情飘飘然的是**触觉**；吃到了好吃的食物感到幸福是**味觉**。

另外上述四感之外，还有"温觉"这种东西。洗个澡或者泡个温泉，让人感到热乎乎的很舒服，这就是"温觉"。在疲劳的肩膀贴个发热贴，人会感到心情舒畅，这也是温觉。

视觉信息会让大脑兴奋。让大脑兴奋的东西，多是快乐的事情，但总体来说会让大脑疲劳。

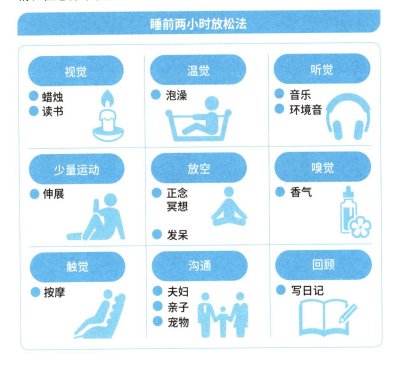

闪光的、移动的物体会让大脑更加兴奋。换言之，**让大脑疲劳的典型活动是游戏、手机与电视。** 这些都让人"开心"，让人欲罢不能，会让大脑一直处在兴奋状态。

不是说视觉型娱乐都不好，但在睡前两小时内应避免这类活动。

你可能会想，为什么看自然风景是一种放松。自然风景是一种看上去看了，但其实没有看的对象，因为对大多数人而言，它不传递信息，因此即使看着自然风景，大脑也不进行信息处理。另外，大脑的视觉皮层看到蓝天与绿色的森林也能得到放松，因此，自然风景是一种例外。

职场人有时一整天都盯着电脑，处在"视觉信息"的风暴中，大脑非常疲劳。工作间隙的小憩、午休以及回家后，大脑已经因为处理视觉信息十分疲劳了，此时再用视觉型娱乐来消除疲劳，这是与放松背道而驰的行为。

视觉型娱乐的信息量比较多，其他四感型娱乐的信息量比较少。**四感型娱乐不仅能激活副交感神经，还能阻断信息向大脑的传递，因此对放松大脑是非常有效的。**

因此，希望各位在小憩、午休以及回家后停止使用"视觉"型娱乐，而是进行锻炼四感的放松与娱乐。

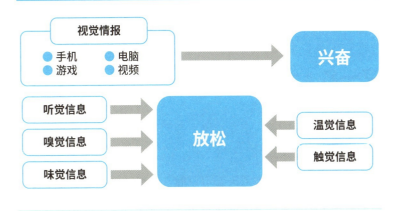

读书是一种放松

上文提到,视觉信息会让大脑兴奋,但读书是个例外。

很多研究显示,读书虽然用眼,但是具有非常好的放松效果,对消除压力、促进睡眠颇有功效。 读书后,人的心跳速度降低,副交感神经占优势地位。

夜里读书会犯困,这种经历本身就在提示:读书的放松效果很高。

睡前两小时的放松活动,如果不知道做什么,可以读书。

但是,睡前应该避免漫画、小说这种过于有趣的书或者连载的读物,因为会让人停不下来。信息量过多的书也会让大脑疲劳,应该避免。

另外,看电子书相当于看"光",不利于睡眠。

放松型娱乐前三名

【放松型娱乐】
第一名　泡澡

放松型娱乐的第一名是泡澡。说起泡澡，谁都喜欢，泡澡的放松效果也非常好。

而且，**泡澡是一种每天都可以做，在家就可以做，谁都可以做而且几乎不怎么花钱的放松方法。** 从时间效率和回报率来说是最好的放松娱乐方式。

那么，你每天是为了什么而泡澡的呢？回答是解除一天的疲劳，除去身上的汗与脏污（清洁目的）的人会很多吧。但是**泡澡最大的功效其实是加强睡眠。**

你可能知道，泡澡本身就有缓解疲劳的功效。泡澡还能够松弛肌肉，人在松弛的状态下进入睡眠能够进一步提高缓解疲劳的效果。

另外，进入深睡眠后，生长激素会大量分泌，缓解当天的疲劳，修复细胞，提高免疫力，激活新陈代谢。

在这里，我推荐斯坦福大学西野精治教授提出的"**睡前90分钟泡澡法**"。

在睡前一个半小时结束泡澡，这样，人体表面皮肤的热量已经被水蒸气带走，90分钟后人的体温会下降1度。这时，内部体温下降，人容易犯困，更容易进入睡眠，也容易睡得深。这是最好的准备睡眠的方式。

具体方法大概是"**用 40 度的水泡澡 15 分钟**"。如果你喜欢比 40 度更热的洗澡水，要比 90 分钟再提前 20~30 分钟结束，给体温下降留足时间。

泡澡等于变相获取高质量缓解疲劳时间

泡澡的过程大概需要 30~60 分钟，会有人觉得这是浪费时间吧。但是通过泡澡，睡眠质量会得到提高。同样时长的睡眠，深睡 7 小时和浅睡 7 个小时质量可不一样。同样是 7 小时的睡眠时间，如果第二天依然疲劳的话，那就是浪费了这 7 个小时。

如果通过仅仅 30 分钟的泡澡，就能够将 7 个小时的睡眠时间变为高质量缓解疲劳的时间，那真的很值得。

此外，如果疲劳能一扫而空，第二天一整天都可以精力充沛、注意力高度集中地干活。

通过提高工作效率，假设一天减少了两小时的工作时间，那么花 30~60 分钟的时间泡澡也是稳赔不赚的。

泡澡可以"数字解毒"

带着手机、平板电脑进浴室？这种方法不可取！可能有人会把手机、平板电脑装进防水袋，一边泡澡一边玩手机，或者在浴室看电视。

这就把来之不易的放松时间破坏了。最好不要这样。玩手机是典型的令人兴奋的娱乐方式。

泡澡是一天中除了睡眠,最能够缓和身心的宝贵时间。把这个时间用在手机上,让视觉刺激使大脑兴奋,大脑就得不到休息。大脑持续处于紧张状态,身心自然就得不到休息。

泡澡时,人的注意力应该集中在"放松"上,或者积极乐观地回顾一下一天发生的事情。人在一天里除了睡眠的时间,几乎不会有什么都不干、什么都不想的时间。所以这是少有的让大脑、身心完全得到休养与解放的珍贵机会。

把"不把手机带到浴室去就没法安心""手机离不开手"挂在嘴边的人,已经手机上瘾了。想从这种状态中脱离出来,应该给自己每天设置几个完全不使用手机的时间段。

算上换衣服、吹头发的时间,泡澡会花费 30~60 分钟。这是最好的"数字解毒"机会。

希望你在泡澡时能把注意力集中在"放松"上,充分享受"被治愈"的舒畅感觉。

巧用浴盐,泡澡体验升级

为了提升"享受"的感觉,泡澡时可以加入浴盐。**我喜欢用含镁离子的浴盐,它具有松弛肌肉、消解疲劳的效果。**

芳香浴盐、碳酸浴盐也不错。如果加入温泉地的特产"汤之花"① 或时不时换一些不同的浴盐来使用的话,那么不仅具有更好放松的效果,还会因尝试了新事物而让自己获得愉悦感。

张弛有度是最好的健康方法。但是"弛"比想象中要难。**每天有意识地"弛"的最佳时间就是泡澡。**通过泡澡来放松,然后通过优质的深度睡眠来休养身体,从这个角度来说,泡澡是一箭双雕甚至一箭三雕的事情。

① 译注:汤之花是指沉淀在温泉内的矿物质,人们会将这些物质磨成粉末,做成商品进行销售。

【放松型娱乐】
第二名　交流沟通

与人的交流沟通能够促进催产素的分泌。催产素是非常强效的放松物质，能够让身心得到休息，还是一种治愈物质，能提高免疫力。催产素的分泌能够抑制"扁桃体的兴奋"，消除不安、消极的情绪。

促进催产素分泌的方法是与家人、朋友、伴侣聊天交流。有时，一个眼神就能让催产素更多地分泌，因此，比起通过社交媒体和打电话，面对面的交流更好。

身体接触也会促进催产素的分泌。抱抱孩子，跟孩子一起玩是很好的。类似拥抱这种夫妻、情侣或者朋友间的接触也是非常有益的。另外，与宠物的接触也会分泌催产素，所以和猫、狗玩一玩也很好。

如果家人与恋人不在身边，也不能养动物的话，还可以和植物"交流"。园艺也能够分泌催产素。

不时和在老家的父母打个电话也不错，不仅能增加自己的催产素，还可以增加父母的催产素。

催产素是治疗精神脆弱的良药

让我们多和人交流，这话说起来简单，但是夫妻、亲子的对话如果不是有意识地找话题的话，很容易陷入沟通不足的情况。

催产素是最强大的"放松和治疗"物质。在失落的时候，如果和人面对面聊聊天，心情就会变得好起来。针对精神脆弱的最好药物就是催产素。

然而，越是精神脆弱的人，越是容易陷入不想见人、不想和人说话的状态。这时，与自己信赖的人见面，和对方说说自己的烦恼与压力，缓解自己的高压状态，是最好的解压与精神疗愈方式。

希望精神脆弱的人，都给自己来一点儿催产素（通过交流）。越是疲劳，越是要通过多交流给自己带来治愈效果。

【放松型娱乐】
第三名　日记、自由书写

睡前的时间该如何度过呢？我推荐"和自己对话"。为什么呢？我们每天忙忙碌碌，在白天繁忙的活动中很难拥有与自己面对面的时间。所以回顾一天最合适的时间就只有一天的晚间，即睡觉之前了。

我建议你写"三行积极日记"作为睡前的习惯。就是在临睡前，最好是睡前15分钟以内，回忆三件今天发生的开心事情，然后把每一个用一行字来写出来。然后，想着那些开心的事情钻进被窝，直达梦乡。

如果一直想的是当天发生的不好的事，加强不安。这样的话交感神经会进入兴奋模式，就会睡不着，这会导致失眠，也会降低睡眠质量。

因此，**通过努力想象积极的、正面的事情，把负面的事从脑海中赶出去。**三行积极日记就是为了这个作用而设计的。

诺贝尔经济学奖获得者丹尼尔·卡尼曼（Daniel Kahneman）博士提出过一个"峰终定律"——人对某件事的印象是由"峰"（高峰时）和"终"（结束时）来决定的。还有一句谚语，"要是结尾不错，那就一切都好"，在科学上来说这是正确的。

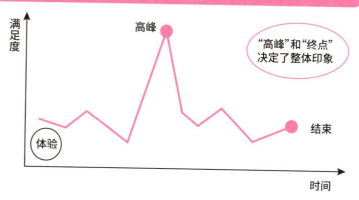

反过来,无论有多么开心的事情,一天的最后如果以负面情绪结束,那么一切都付诸东流。

如果想着"被领导批评,太糟心了"入睡的话,这个负面体验就难以忘怀,在几天内甚至更长时间内都会困扰你。

正因为如此,**一天的最后应该用积极的输出来结尾**。为此,有效的方法正是三行积极日记。

已经有习惯写作"三行积极日记"的读者,可以进一步写**"三行感谢日记""三行亲切日记"**。拙著《三种幸福》中有详细的解释。

从某种程度上说,如果具备写文章的能力,将今天发生的事情以日记的形式自由记录下来也可以。

最近,"自由书写"的人气也很高。**自由书写又被称为"书写冥想",是把脑海中浮现的任何想法和思绪都捕捉到,并自由记录下来。**

通过原样记录当前脑海中浮现出的东西，来集中于"此时此地"，有冥想的效果。

通过输出，记忆会得到强化，所以我不推荐记录负面事件。但是很多人需要把负面经验留下来，以便于复盘，对此，我推荐不要在临睡前，而是睡觉前 1~2 小时前完成比较好。

临睡前可谓是"记忆的黄金时间"。**临睡前考虑的事情会非常容易留在记忆中，因此一定要想些积极的事情，带着愉悦的心情入睡。**

找到对自己最有用的放松方法！

放松有各种各样的方法，比如睡前两小时可以泡澡、读书、享受烛光和音乐、冥想、做瑜伽、放空、回顾、写日记、和宠物玩耍、夫妻/亲子互动等。

每个人放松娱乐的方法各不相同。比如有人觉得按摩最舒服，也有人不喜欢按摩。我们要知道自己什么时候最放松，然后积极去做以达到放松状态。**找到并拥有对自己来说最好的放松方法是非常重要的。**

在觉得今天工作很忙、很疲惫的时候，放松一下就能缓解疲劳；在被领导责怪的时候，放松一下就能缓解压力。有没有对自己来说固定且适合的放松方式很重要，因为每个人的日常疲劳程度和所感受到的压力是不同的。

不仅如此,**怀有"对自己来说那么做是最好的放松方法"的念头也很重要。**

是带着压力,想着"今天真糟糕"结束一天,还是想着"虽然一整天很辛苦,但是如果睡前做一下伸展运动就可以好好睡个觉",然后运动完钻进被窝呢?

前者是交感神经的兴奋模式,后者则切换到了副交感神经的放松模式。在放松模式下,进入真正的深度睡眠可以实际地缓解疲劳,解除压力。

乘法 3

玩 ✕ 陪伴

利用催产素变幸福

比起一个人，为什么两个人吃饭会更香？

一个人去外面吃饭固然没问题，但是你有没有觉得，和恋人、伙伴、家人、朋友一起吃饭，饭会变得更好吃？而且，毫无疑问，吃饭的时间会变成快乐的时光。

比起一个人吃饭，大家一起吃的饭更好吃。我这么说估计大家都会认同，但是这有没有科学依据呢？有的！**因为和大家一起吃饭，大脑会分泌催产素。**

吃了饭，感到好吃、幸福，在这个瞬间，大脑分泌的是多巴胺。多巴胺是"想要更多"的物质，会引起"这个寿司真好吃，再来一份""这个店的东西真好吃，想要下次再来"这样"想要更多"的心理活动。

多巴胺是幸福的物质，所以会引起"好吃""开心""幸福"的心情。但是，和大家一起吃饭的话，分泌的是催产素。

催产素是交流沟通之后分泌的幸福激素，与开心、幸福、治愈、安详、相连感、一体感、被信赖、被爱的感情紧密相关。与人共情，共同拥有喜乐会分泌催产素。

同样是吃了好吃的料理，独自一人吃的话大脑只会分泌多巴胺，但是，大家一起吃的话，就有"**多巴胺 × 催产素**"的双重效果，幸福感、愉悦感、美味的体验会多重提升。你不觉得很厉害吗？

假设相同的料理，花 5000 日元和两小时吃完，虽然耗费的时间与金钱完全相同，但因为是和别人一起吃，就更加美味、更加快乐、更加幸福。

只是跟他人一起享受，就能够增加幸福感。这可以说是增加生活幸福感的捷径。

大家一起吃饭，得到双重幸福！

大家一起吃饭

多巴胺×催产素带来双重快乐

沟通是最好的调味料

我主张"比起一个人，两个人一起吃饭会更好吃"，有人反驳我说，"不不不，一个人吃饭，只要是餐厅的饭菜好吃，那也很不错！"

去寿司店看一看。会有单独用餐的客人独自在吧台用餐，但是严格地说，他并不是沉默不语地一个人用餐，因为店里的厨师一直在和他聊天。

我也会一个人去酒吧。酒吧的乐趣固然在于可以喝到好酒，但是和酒保的对话交流也是很有趣。如果只是喝酒的话，那么买瓶装酒在家喝会更便宜。特地花高价去酒吧，就是想听酒保说说关于酒的小知识、喝酒有什么讲究之类的，仅是这样的闲聊也是很有趣的。

沟通会增加幸福感。即使是一个人去寿司店、酒吧，也可以和厨师、酒保、店员讲话，发生交流——一旦发生交流，就会分泌催产素。总而言之，**和店里的人对话，也会让料理更加好吃，人会更加快乐，得到跟和他人一起用餐相同的效果。**

如果你一个人去探店，那就和店里的人聊聊。有意识地享受对话，可以增加料理的美味程度和个人的幸福感。

催产素能够抑制依赖症

多巴胺是幸福物质。假设吃了知名甜点师做的蛋糕，口感松软，入口即化，好好吃！好感动！但开始吃第二个时，可能就没品尝第一口时带给你的惊艳感受了。这是为什么？因为**多巴胺是一种"还想再要"的贪心物质。**

吃第一个蛋糕获得了100分的满足感，吃第二个时，会降低到80分。结果，为了补充满足感，就引起了"多吃点""反复吃"

这样的"还想再要"的心理活动。无法控制自己"还想再要"的状态，就是上瘾。

要是多巴胺不受控制，就会上瘾。不过，**有物质可以抑制多巴胺，那就是催产素。**

相比于"上瘾"效果强烈的多巴胺，催产素可以说没有"上瘾"的效果。

比如说，抱着婴儿，觉得婴儿好可爱的瞬间，催产素就分泌了。因为催产素，即使每天抱婴儿10次，一个星期以后也不会觉得"已经厌倦了！婴儿不可爱！"

多巴胺带来的幸福感容易褪色，催产素带来的幸福感是持久的。

我有一个朋友，每个月都要去米其林三星的寿司店吃饭。我问他，"每个月都去不会吃厌吗？"他说，"那里的寿司很好吃，主厨也很有趣。感觉比起饭食，更像是去见大厨的"。

如果只有多巴胺带来的美味感，可能重复几次就会厌倦了。但加上在那里还能交流的话，就不会厌倦，可以反复且长久地享受这种愉悦。

只要和别人一起干点儿有意思的事情就能增加愉悦感。不仅是吃饭，一起去旅行、一起看电影、一起散步、一起玩游戏等，兴趣爱好、体育活动、玩耍娱乐都适用。

"一起来吧"可以减少压力

之前我讲了"放松"，可以说催产素就是放松的激素。

分泌催产素，副交感神经就会处于优势，可以有心跳速度下降、放松身体的效果。

另外，催产素还有提高免疫力、获得疗愈的效果，可以抑制危险警报装置——扁桃体的兴奋，缓和不安，减少皮质醇的分泌。

催产素能够放松身心，促进疗愈与恢复，说它是实现无压力状态的激素也不为过。

工作的繁忙、人际关系的复杂、经济下行带来的恐慌……我们面临着来自各方的压力。而导致这些压力的原因，有很多是仅凭一己之力不能调整或消除的。

但是，我们也没有必要非得消除"压力的来源"。**通过和朋友、伴侣、家人等亲近的人一起玩耍，分泌催产素，就可以消除疲劳和压力。**

"一起学习"可以增强记忆力

在咖啡店经常能看到学生朋友们一起学习。这是好还是坏？和朋友在一起，精神注意力会分散，所以一个人学习不是更好吗？你可能会这样想，但是从脑科学的角度讲，**"一起学习"是非常好的方法。**

一起做事，会分泌催产素，而**催产素具有增强记忆的效果。**

给老鼠的大脑注射催产素后将它放入藏着饲料的迷宫，比起注射前，能够更快地找到通往饲料的道路。

另外，动物实验表明，哺乳期的母亲（此时催产素分泌会非常活跃）记住新事物的能力会加强。也就是说，催产素能增强记忆力。

一个人集中精力学习是非常好的，但是和朋友一起学习，能够获得催产素带来的记忆增强效应，所以，**和朋友互相请教，互相考查是非常好的复习方式。**

这对成年人的学习也适用。我有"威士忌专家"的执照（威士忌鉴定的执照，日本只有约1000人拥有）。考试的时候，我是和妻子一起参加的。我们互相出题，猜威士忌的品类，很开心地学了下去。

资格考试、外语学习是锻炼大脑的好机会。勤勤恳恳学习的过程是非常辛苦的，**但是和家人朋友一起学习，不仅能学得快乐，记忆增强，学习效率也会提升，得到一箭双雕的效果。**

"一起做某件事"可以更容易坚持下来

会不会也有类似的事情发生在你的身上，比如，觉得自己运动不足应该去健身房运动了，于是办了附近健身房的会员。一个月之后就不去了，半年后，就成为只付钱不见人的"幽灵会员"。

怎么办呢？
找个人跟你一起，这是最好的解决方法。
一个人做的话，"开始"很简单，但是"结束"也很容易。两个人做则不同，比如，两个伙伴约好周三不加班，一起到健身房里运动，这样的决定更容易形成习惯。

一个人的话，容易想着"虽然不加班能够早回家，但是去健身房好麻烦，就算了吧"，因而逐渐放弃坚持。

如果和别人结伴，那么就会有必须守约的心理，在纠结是否去的时候，做出"去"这一判断的概率会提高。

有朋友一起入会也很好。比如申请"文化中心小课堂"的时候，一个人申请会有点儿不安，和朋友一起申请的话，申请的难度会下降，一起相互鼓励还能让学习更持久。此外，和一起行动的人之间的亲密度也会大大增加。

可以说是获得了一箭双雕、三雕的效果。

"一起做点儿什么"可以提高亲密度

一起做点儿什么,一起玩,会提高人和人之间的亲密度。其实,这才是"一起做点儿什么"的最大益处。

想要朋友关系变得更好,就一起玩吧。
想要恋人关系变得更好,就一起玩吧。
想要夫妻关系变得更好,就一起玩吧。
想要亲子关系变得更好,就一起玩吧。

听起来,这么说好像是理所当然的,但事实是,总会有人说"我工作很忙,最近没有时间一起外出"或者"我们每天互相发消息,只是没有每天见面而已"。

线上的沟通固然很重要,但是**人和人的直接见面会分泌催产素。**四目相对、两手相牵时,催产素都在分泌。

尤其是现在这样的网络时代,**面对面跟对方一起度过的一段时间显得更为珍贵和重要。**

即使只能偶尔见面,在这段珍贵的时间里,一起玩耍,一起享受快乐,分泌大量催产素。这样,人和人之间可以相互疗愈,提高亲密度,形成心与心的联结。

乘法 4 玩 ✕ 时间管理
为了玩要高效利用好时间

如果我说"不要光工作，要多玩！""更贪心地去玩！"大概会有人反驳我说，"没有玩的时间""要是有时间玩的话，早就去了……"。

像我在执笔写书的期间，每天写作 10 个小时，中午在心仪的店里吃午餐，每天结束的时候看电影，然后泡个澡，放松一下钻进被窝，确保 8 小时睡眠。

想着有空儿了再玩的人，大概率直到离开现在工作的岗位，都找不出时间玩吧。**正因为工作很忙，所以才有必要积极地制造"玩"的时间。**

玩能够缓解工作带来的压力与疲劳感，培养"明天也要加油"的动力。在没有玩乐与兴趣爱好的状态下一天工作 10 个小时，人要么会生病，要么就燃烧殆尽。

积极制造"玩"的时间。没时间就去找时间。不这样的话，"玩"是不可能的。因此可以说，**"玩的方法同时也是管理时间的方法。"**为了玩能够挤出时间的人是"玩"的达人。无论知道多少可以沉浸其中的兴趣爱好和玩法，如果不给自己时间去做，那么人生只是在日复一日地重复着"无聊的一天"。

玩绝对需要时间。让我来分享挤出时间玩的方法。

玩的时间管理 1
带着目的玩

我问过那些说"每天很忙没有时间玩"的人,一天玩多长时间手机,他们回答 3 到 4 小时。

如果把这个时间,用在目的明确的玩上呢?有 3 到 4 个小时,可以读一本书,可以看一部电影。一天 3 到 4 小时,一个月就有约 100 小时。100 小时,可以做相当多的事情了。

很多人漫无目的地玩手机消遣时间。这真的令人快乐吗? 只有玩手机玩到"非常快乐!""没有比这更好的娱乐了!"这才算得上是"精彩的娱乐"。

然而,如果观察晚高峰的地铁里握着手机的人,你会发现,大多数人都有着"呆滞的眼神",耷拉着嘴角,触摸着手机屏幕,看上去非常无聊。

几乎看不到有人满脸笑容、目光有神地玩手机,感觉不到对他们来说"玩手机好开心!"

毫无目的地玩手机是不快乐的。 因为,这缺乏目的性,唯一的目的可能就是消磨时间,但实则是浪费了时间。

电视也是同理。每周都非常期待,无论如何都想看的节目,比如偶像参演的节目,心仪队伍的比赛。观看这类节目,是"令人着迷的娱乐"。

然而,很多人都是毫无目的地打开电视机,查找一番,看有没有感兴趣的节目。没有"无论如何都想看"的节目，只是任节目在那里播放，这并不会产生很大的满足感吧。

"没有目的的行动"是浪费时间。把时间用在"无论如何都想做"的玩与娱乐上，满足度会提高，日积月累，也会提高人生的质感。

玩的时间管理 2
利用碎片时间

乘地铁的时候，你会做什么？很多人会看手机。我外出的时候，一定会带一本书。等车和乘车等时间加起来会有 1 到 2 个小时，利用这些时间，我能读完一本书。

我不太会在碎片时间之外特别安排读书时间，但即使只用碎片时间，**我每个月都能读 20 本以上的书。**

自由职业者和工作比较自由的人且不提，正常需要通勤的上班族每天应该都有 1 到 2 小时是在路上吧。

如何用好这 1 到 2 小时的碎片时间呢？

当然，把碎片时间用在工作上也不是不可以。但是，**尤其是回家的路上，希望你能积极把这些时间用在"玩"上。**读想读的书（小说、漫画等也可以）、追追动画和剧集，也是不错的啊！

每天毫无目的地看手机是浪费时间，但是看无论如何都想看的作品，就会提高满足感与幸福感。如果每天看两集 30 分钟左右的动画，那么一个月就能看 50 集以上，这是多开心的事啊！

即使没有整块的时间，利用碎片时间也可以好好"玩"。**碎片时间是时间的金矿。**

玩的时间管理 3
15 分钟任务

为了利用好碎片时间，可以试试把时间切割开，以 15 分钟为一个单位来进行活动。比如：读书，读一章需要 15 分钟；看动画，30 分钟一集，一集就是 2 个 15 分钟；一集 45 分钟的电视剧是 3 个 15 分钟。也就是说，一天如果能确保有 3 个 15 分钟的碎片时间单位，就能够看完一集电视剧。

坐一次地铁，往往花费 15 分钟左右。或者，吃完午饭，午休往往还剩下 15 分钟左右。这样，**一天中能够很容易获得多个 15 分钟的碎片时间。**想要利用好这些时间，需要事先想好打算如何度过这段时间，即完成"15 分钟任务"。

比如，我有一项"15 分钟任务"，是打算在地铁里看周刊杂志。杂志还没到手的时候，我就提前想好要读它了。

我订阅了某个周刊杂志，每个月 440 日元，就可以通过手机读700种以上的杂志,市场上的主流杂志我都能读到。

世界上正在发生什么,普通人对什么感兴趣,把握最新潮流……通过读周刊杂志能快速获得这些信息。可以从周刊杂志的目录中找出几个"一定想要读一读的报道",只读这几个,就能收集到很多信息。

有时候在地铁中看到某周刊杂志的广告,想要读一读,使用这类订阅就可以随时读,非常方便。

即使看一个小时的电视新闻,获得的对自己来说真正需要的信息最多也就两三个吧。**与通过电视获得信息相比,通过周刊杂志收集信息的效率是前者的10倍以上。**每个报道约2到4页,几分钟就能读完,作为"15分钟任务"是再合适不过的了。

另外,因为杂志文章的写作目的是希望读者能够愉快读完,所以看杂志也是一种放松和调节。

家庭主妇常常向我咨询:因为需要照顾婴儿,所以没有闲暇去玩,怎么办?的确,在有孩子的家庭里,父母往往忙于育儿与家务事,没有玩的时间。

但是,如果能活用"15分钟任务"就会好很多。婴儿午睡往往能睡15分钟以上,可以把这段时间利用起来,做些让自己放松、愉悦的事情。

为了达到这个目的,仅需要**事先明确"15分钟任务"**。

玩的时间管理 4
给工作设定截止时间

这是我经常用的方法。

有这么多工作，如果一直做下去，晚上 7 点都做不完……遇到这种情况，我会订一张 7 点开场的电影票。

如果到了 7 点工作还没做完，那么电影票就浪费了，所以**我会拼命在截止时间前把工作完成。事实上我也做到了。**

在被适度逼迫的环境中，大脑会分泌去甲肾上腺素这种物质。去甲肾上腺素具有提高大脑活性、集中注意力、提高判断力和记忆力等功能。

有了截止时间，你就不会再磨磨唧唧地工作，而是能够相当有效率地搞定工作。

如果老想着把工作做完再去玩，那么工作永远结束不了。通过设定截止时间，让工作能及时完成。

有人可能会说，这么做会导致工作质量下降。你实际操作一下就知道了，**设定截止时间，会帮助身体分泌去甲肾上腺素，所以很多时候比起带着"应付"和"不紧不慢"的心态完成的工作来说质量反而更高。**

通过这种"截止时间工作法"，工作的质量能得到提高，玩与工作也能够两全，是非常好的工作方法。

截止时间工作法

在工作之后加入其他安排
- 买电影票
- 约朋友喝酒
- 和恋人约会

为了赶上约定,去甲肾上腺素会分泌,注意力、判断力上升,从而**在截止时间前完成工作!**

为了赶上约定,去甲肾上腺素会分泌,注意力、判断力上升!在某个时间前完成工作!

玩的时间管理 5
玩的日程化

如果想看 9 点的电影,我会提前在日程本里记录,保证一定会在 9 点之前把工作做完然后去看电影。

从上午开始,我就会有紧迫感,想着一定要在 9 点前结束工作,进而调整一天的工作安排,有效地完成工作。如果不记入日程本,往往会松懈下来。猛地想起来时,发现已经 9 点 15 分了,最终觉得后悔,如果能早完成的话,就能赶上电影了。

很多人会在日程本里提前写上工作的计划，但是不会写玩的计划。比如说即使想着今天工作要是早结束就去看电影，也不会写在日程本里。

"写"这种输出方式能够促进大脑的活性，让大脑记住某件事并向意识发出强信号。把"9点要去看电影"这件事记下来，一天都会有意识地赶进度，工作效率会提高20%。

不把玩写入日程的人，很容易无意间将这件事排除在意识之外，最终忘记看电影的计划。结果，日常生活中珍贵的玩的时间就像从渔网中漏出来的水，大量消失了。

和职场的同事喝酒时也是这样。往往大家会说，"今天要是工作结束得早，就去喝一杯吧！"我认为应该把这样的邀请，换成**"今天8点前把工作搞定，然后去喝酒吧！"**像这样约定时间，然后写进日程本，提醒、约束自己，向自己发布宣言——8点下班！

只是多写一行"晚8点：喝酒聚会"，就可以有效帮助工作按点结束，期待之后的放松。大脑会分泌多巴胺，工作的效率也会上升，岂不美哉！

玩的时间管理6
建立"待玩清单"

建议大家在每周、每月的日程中，写下**"本周想要玩的""本月想要玩的"**。

我会按照上映日期把自己当月想看的电影记在日程本里，接近下架的电影还会用红色的马克笔来进行强调。

这样的话，一旦有空余时间，我就能马上意识到"这个电影再不看就要下架了"。这样，错过的电影真的少了不少。如果没有记在本上，那么在电影下架后才发现自己没看成这部影片，会后悔错过。

写下"待玩清单"，实现的概率会提高 3 倍以上。

特别是美术展之类有时间期限的活动，把这个事件记录在"待玩清单"和"当月日程"里，会大大降低错过的概率。

写在日程本里，这也是一种"玩 × 输出"。这种输出能刺激大脑，增强记忆，最终提高实现概率。

乘法 5　玩 ✕ 挑战
边享受边建立自信

"玩"无风险！

我经常鼓励别人去挑战。有人会说，"我害怕挑战。"还有人会问，"如果失败了怎么办？"

我想给害怕失败的人提个建议。首先，可以通过玩来挑战自我！

在工作中，如果挑战失败，有可能会给公司带来麻烦，也可能会给自己带来打击。我非常能理解害怕失败的心情。正因如此，我希望你能首先通过"玩"来面对挑战，获得对挑战的免疫。

"玩"无风险！ 假设，你单位的领导和你说，"这次我们要建立一个 10 亿日元规模的新商业团队，你要不要做这个团队的领导？"这是一个很大的机会，但是你想，"如果失败的话，自己也必须负责"，最终望而却步。

工作中的挑战多少会伴有风险。

然而，在"玩"中，失败是没有风险的，损失的只不过是一点儿时间罢了。

比方说，即使想着"学打高尔夫！"也没有必要一下买 30 万日元的装备或是办很贵的会员卡，从朋友或者二手市场那里买些便宜的二手装备就够用。

玩了几个月以后，即使发现自己不适合打高尔夫，由于早先在装备和场地上的投资也并不太多,所以也不会太心疼。损失的不过是练习的时间,也没什么大不了的。

通过玩、娱乐开始一样新的活动,是值得尝试的。 你只要想,这是"挑战新事物的练习"就可以了。只要玩得小,就没啥风险。

走出舒适圈!

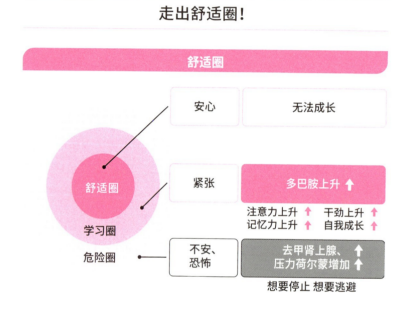

现在做的工作、掌握的技能、平时生活的领域、平时的人际关系……你的生活日常就是你的"舒适圈"。

走出舒适圈,就是做些新的、至今还没有体验过的事情。 挑战自己,到未知的领域中去吧!尽管那里有不安与恐惧。

紧邻舒适圈外部的是**"学习圈"**。那里都是一些稍微努力就能达成的"小目标"。

假设平时缺乏运动量的你想着"为了身体健康，要去登山"，但是把目标定为"要登顶富士山"，那么这件事就会让你感到压力。问问自己"体力没问题吗？"或在网上读到别人在山顶有高原反应的报道，心中就会逐渐产生不安的情绪。

这时候，如果能稍微降低期待，比如说先从海拔比较低的徒步路线之类开始，就会比较好。

目标过高的话，会担心自己无法实现，进而导致不安与恐惧。**设定一个"稍有难度"的目标后，多巴胺就会分泌，人就会从不安和恐惧转变为兴奋。**

这种"令人兴奋的挑战"就是学习圈。各位，挑战的目标不要设得过高，把它变小些，一点点迈进就好。

如果将舒适圈一点一点地扩大，就能一直兴奋地享受挑战带来的快感，积累成功的经验，获得自我成长。通过玩或体育活动，不断挑战自我。**通过玩去扩大舒适圈，**这能积累自信心、开阔胸怀并获得自我肯定感。

自我肯定感通过积累"自己能行""只要努力就能干成"这样的体验而提升。赢一局象棋、赢一场体育比赛，这些都是小小的积累，是切实可行的体验。即使在象棋对战或体育比赛时输了一局，也不至于失落到无法复原甚至绝望的境地。

一边享受，一边拓展舒适圈，可以积累自信心与经验。这是来自玩、兴趣和体育活动的非凡益处。

对朋友的邀请说"Yes"

向新的玩法、新的爱好、新的体育活动发起挑战吧！但是对患有"挑战恐惧症"的人来说，主动行动确实难度有点儿高。胆小的人，可以从对朋友的邀请说"Yes"开始！

相信大家都有被朋友邀请去玩的经历：

"我有两张舞台剧的门票，要不要一起去看？"

"这个周末，要不要去海钓？"

"我有位朋友想参加那场音乐会的首演，一起去吧？"

"要不要和我一起去看电影？"

这是日常生活中经常能听到的对话。

如果你至今没有看过舞台剧，那么即使朋友邀请你，你会想"反正我也不怎么了解""没有什么兴趣"，然后拒绝。

这纯属是找借口啊！在没有体验过的未知世界里，让你欲罢不能的快乐正等待着你。因此，**正因为没有看过舞台剧，所以更应该当场回答"Yes"！**

这样会增加你的见识，提高你的"经验值"，甚至有可能发现新的自我。看舞台剧的时间是2到3小时，花费的门票按5000日元算，如果只花这些钱就能够达成新的挑战，我觉得非常值得。

不习惯看舞台剧，一个人去有可能会紧张，但是和朋友一起的话，就没有这种不安。如果朋友喜欢看舞台剧，那么他/她还会告诉你其中的各种有趣之处。

这样，毫无疑问，你的世界会得到扩展。在各种"挑战"

中，如果能找到自己喜欢的，是极其美好的事情。

有人觉得，现在的自己没有什么能特别投入的爱好，那不过是因为在你的舒适圈内没有这样的爱好。舒适圈之外，这样的兴趣爱好一定存在。为了让自己的人生更加快乐有趣，需要踏出舒适圈。作为踏出舒适圈的第一步，对朋友的邀约说"Yes（好的）"吧！

没常性怎么办？

与害怕挑战的人相比，有人会接连尝试新的事物，但是马上就厌倦了。浅尝一下就停止，这种没常性的人也是存在的吧。对于这些人来说，怎么样才好呢？

是勉强忍耐，继续现在的事，还是转向下一个兴趣呢？

人在接触事物时，有两个维度——"加深"和"拓宽"。工作也好学习也好，都是这样，请意识到这两个维度的存在。

比如，你读了我书中关于"做园艺会分泌催产素"这部分内容后，决定想要种些什么植物试试看，然后买了一小盆仙人掌。你想，"时不时喷点儿水就好了，非常简单，而且它小小的很可爱，很治愈。园艺真是让人开心！"

不久之后，你想要再买一盆。"上一次买的是圆形仙人掌，这次买细长的吧！"这是**"加深"**的想法。

"仙人掌虽然不错，但是开花的植物也很漂亮，所以买些郁金香来种一下吧！"这是**"拓宽"**的想法。

想要加深还是拓宽？怎样对自己来说更开心？怎样能够引发更多好奇心呢？"加深"还是"拓宽"，会成为接下来你应该做什么的主要判断基准。

我推荐的是，可以先以"拓宽"为主，体验各种各样的新事物。如果期间有让你觉得特别感兴趣的新鲜事物，再"加深"。也就是说，**先"拓宽"后"加深"**。

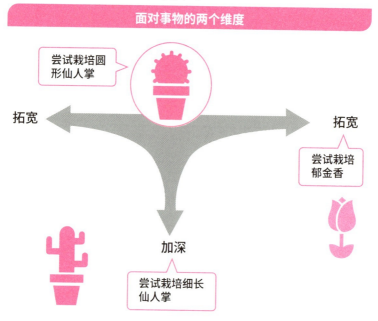

面对事物的两个维度

外语达人法则

有这样一种说法,掌握一门外语需要2200个小时。那么掌握第二门外语需要多久呢?其实不再需要2200小时,而是只需要2200的一半,即1100个小时。

如果学第三门语言,用时会是第一门外语的三分之一,也就是700小时。如果第十门外语,大致只需要第一种时间的十分之一,也就是200个小时左右。

我跟掌握十种以上语言的人交流过,大家对这个说法基本认可。

我把这称为"外语达人法则"——**将自己的经验横向展开,那么学习下个技能所消耗的时间就会大幅减少。**

乐器也是如此。很多会演奏某种乐器的人,常常能够演奏好几种乐器。在音乐会上,也能不时发现可以演奏多种乐器的音乐家。

外语达人法则同样适用于乐器。学习第二、三种乐器的时间只有学习第一种的一半,或者说,可能是因为在学第一种乐器时已经掌握了读谱的技巧,所以其他乐器也能很快掌握。

"外语达人法则"指的就是在学精某样技能之后,这项技能的经验可以横向展开,进而大幅缩短学习其他技能的时间。

这个法则也适用于学习或者资格考试。对于拥有多种爱好的人来说，可以在专攻一个之后，将经验巧妙地横向展开去学习更多。

专攻一个，之后突破第二个。

突破第二个，之后钻研第三个。

一个个习得，这就是学习的王道。

如果一开始同时对三个兴趣出手，那么任何一个都不能获得充分的学习时间，其结果，每个兴趣都停留在初级阶段。这是最浪费的，也就是所谓的"样样都懂但是无一精通"。

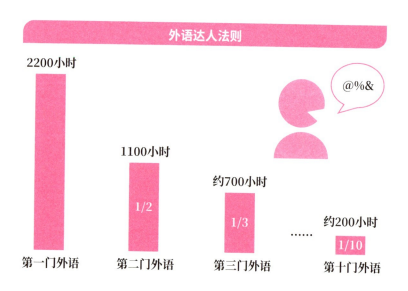

乘法 6

玩 × 运动

边享受边恢复身心健康

运动是最好的"玩"

你觉得,运动是为了什么?面对这个问题,可能很多人会回答"减肥",其次是"健康"。

这无疑是正确的,但"减肥"或"健康"只是运动所能带来益处的一小部分。如果运动的益处只有这两点,那么现在健康且体态匀称的人就没有运动的必要了。

我列举了**运动的 15 个益处**,简单归纳如下表所示。

运动的 15 个益处

减肥效果	**瘦下来,体重减轻** ● 燃脂(有氧运动) ● 提高基础代谢(力量训练)	缓解疲劳	**改善睡眠效果** ● 进入深睡眠状态 ● 得到睡眠的所有效能 ● 改善入睡困难的情况,戒掉催眠药物 **缓解疲劳** ● 消除疲劳 ● 积极休养 ● 从根本上改善"容易疲劳"的问题 ● 每天精力旺盛地工作
健康效果	**预防疾病** ● 预防几乎所有的不良生活习惯带来的疾病(糖尿病、高血压、脂质代谢异常、癌症等) ● 提高免疫力(预防感冒、传染病、癌症)	改善精神	**稳定情绪** ● 消除焦躁、易怒情绪 ● 心情变开朗 ● 动力上升 ● 调整血清素与多巴胺的分泌

★ 第3章 玩的六大"乘法"享受生活兼顾自我成长

续表

健康效果	**延长寿命** ● 每天坚持运动 20 分钟能增加四年半寿命 **延长寿命** ● 预防摔倒、骨质疏松、骨折 ● 通过伸展运动提高身体柔韧性，预防受伤 ● 预防卧床不起	改善精神	**预防与治疗精神疾病** ● 预防抑郁症、阿尔茨海默病 ● 有与药物疗法程度相同的改善效果（抑郁症） **消除压力** ● 皮质醇的减少 **想法变得积极、向上** ● 想法、行动变得积极 ● 竞争意识提高（睾酮作用） ● 更有自信，自我肯定感提升
大脑活性化	**变聪明，工作能力提高** ● 注意力集中 ● 记忆力变好（强化短期记忆和长期记忆） ● 改善工作记忆（工作效率提高） ● 激发创造力 **学习成绩变好** ● 注意力集中，记忆力提高 **防止大脑老化** ● 即使上了岁数，头脑仍然清晰 ● 不会健忘	提升魅力	**提高男性魅力** ● （肉体与精神）变得强壮 ● 肌肉增加 ● 男性机能增强，预防 ED（勃起障碍） **提高女性魅力** ● 变美 ● 皮肤变光滑 ● 体态变美（深层肌肉的强化） ● 抗衰老 ● 预防与改善便秘、发冷、更年期障碍

我总结出最重要的三点分享给大家。

运动的三大益处

①头脑更灵活

我认为运动最大的益处是，会让人的头脑变得更加灵活、聪明。**通过运动，人的注意力、记忆力、创造力、思考力、工作记**

忆会提高。

坚持运动几个月,养成习惯后,即使在没有运动的时候,大脑的功能也能保持在较好的状态。

为什么运动能使人聪明呢?那是因为通过有氧运动,大脑分泌了 BDNF(脑源性神经营养因子)。**这种物质像大脑的肥料一样,能促进神经细胞的形成、生长、维持和再生。**

我会在去健身房锻炼流汗后直奔咖啡馆,进行书籍写作工作。这时的工作效率和早上刚起床后的时候相同,甚至更好。

通常的写作只能持续 3 到 4 小时,如果在中间加入运动,使大脑得到重置,写作时间可以提高 1 倍。

②消除压力,让人精神抖擞

我之前写过,如果皮质醇长期分泌的话,人的动力与记忆力都会下降。那么如何才能降低皮质醇呢?

只要运动就可以了。

进行 30 分钟的有氧运动后,皮质醇的数值就大致正常了。 人们常说"运动对缓解压力有益",科学也证明了这个说法是对的。而且,通过运动,有可能预防抑郁症、阿尔茨海默病和自杀等精神疾病。

另外,最近**精神疾病的治疗也推荐"运动疗法"**。有报告指出,针对抑郁症的运动疗法的效果与抗抑郁药物的治疗效果不相上下;而在预防抑郁症复发上,运动甚至比药物的效果更好。运动是消除压力最好的方法,让人对精神状态非常有益。

③提高个人魅力,让人更受欢迎

对男性来说,运动后男性魅力会增加;对女性来说,女性魅力也会增加。即,运动会提高异性缘。

进行力量训练后,睾酮会增加。美国的一项调查指出,睾酮值高的男性一生拥有的伴侣人数更多,有多次结婚的机会。

睾酮值高,眼神、外貌会变得更吸引人。另外,通过训练,肌肉会更加发达。有研究指出,睾酮值增加以后,无论是对同性还是异性,人际关系方面都会变得更加积极,更容易获得"与人连接"的幸福。

对女性来说,运动有减肥效果。对体态和皮肤都有好处。**生长激素的分泌,会促进肌肤的新陈代谢,让皮肤变得光滑。**美肤的效果在运动的第二天早上就可以实际感受到。

另外,运动使得血清素被激活,精神会更加安定,易怒的问题会得到改善,情绪也会稳定下来。**能够在人际关系上游刃有余,也是受欢迎的要素之一吧。**

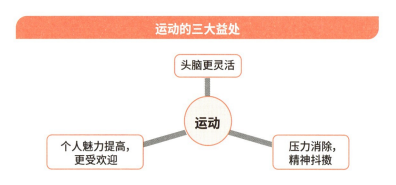

运动的三大益处

健康、苗条、聪慧、专注、放松、受欢迎、情绪稳定、觅得佳偶，这些都是运动可以为我们带来的。可以说，**通过运动可以获得健康、人际关系、社会地位与金钱等人生中重要的东西。**

在我看来，**力量训练与有氧运动的组合，是最好的运动方式。** 运动符合利于健康、缓解疲劳、消除压力、提升工作效率等所有"好玩法"的标准。因此，可以说，运动是最好的一种玩法。

只要运动就能得到幸福

运动还有一大效果，就是"能得到幸福"。为什么这么说呢？因为**运动时和运动后，都会分泌让人幸福的激素多巴胺。**

如前所述，多巴胺分泌后，人就会变得快乐，然后就会产生继续运动的动力。

再进行30分钟以上的有氧运动，大脑就会分泌内啡肽，它具有比吗啡强20倍以上的镇痛效果。**内啡肽会给人某种极度幸福的感觉。** 所谓的"跑者嗨"现象，就是由内啡肽引发的。

另外，哪怕不是剧烈的运动，只是普通的散步，"幸福物质"**血清素也会被激活。**

总而言之，通过运动，大脑中会充满多巴胺、内啡肽、血清素等"幸福感之源"的物质。只要运动就会变得幸福，这个说法是完全正确的。

如果做过运动，任何人都会在运动之后感到"好清爽！""心情愉快!""开心!""今天努力了!""好有成就感啊!"从而进入充满爽快感、幸福感、成就感与充实感的状态。究其原因,就是因为大脑中充满了"幸福的物质"。

只要运动就能减轻压力

工作太忙、职场人际关系很差、金钱上的纠纷……无论你有哪方面的烦恼,通过运动,就能让坏情绪一扫而空,被幸福感包围。

运动使血清素被激活,人的思考与情绪更容易被切换。在到家之前,就能够放下对"公司里的各种纠纷"的纠结,随着压力激素的降低,减轻不安与担心。

只要运动,就能减轻大部分的压力。

运动是最好的休息

运动有很多的优点!运动是最好的"玩",所以多运动吧!虽然我这么说,大多数人还是不会去运动。相反,还会有人反驳我,"工作已经很辛苦了,还有力气运动吗?"

非常遗憾,那是关于运动的"错误的常识"。

你知道"运动能够缓解疲劳"的说法吗? 很多人可能以为,运动不是会增加疲劳感吗?但是这明显是错误的。

运动后,生长激素会分泌。生长激素是能够促进新陈代谢、促进细胞与脏器修复的物质。换而言之，是修复疲劳的激素。**大脑分泌生长激素，睡眠也会加深。睡眠效率提高后，会进一步有助于疲劳的缓解。**

整天趴在电脑前工作的现代人容易肩颈不舒服、眼睛干涩，这是由于长时间在电脑前保持同样的姿势造成的，一部分肌肉会产生"不均衡的疲劳"。生长激素分泌后，这样的疲劳会得到缓解。

所以说，不要因为累了所以不运动，而是应该**"越累才要越运动"**。好好运动会促进缓解疲劳的激素的分泌，这对恢复精力是非常重要的。

最近，这种现象被称为**"积极休息"**。这种想法认为，疲劳的时候应当积极地运动身体，促进精力恢复。

慢跑一下，如果没有时间去健身房，那就做个10分钟的拉伸，也可以得到积极休息的效果。**正因为现在很累，所以要运动。请你记住，运动是最好的休息。**

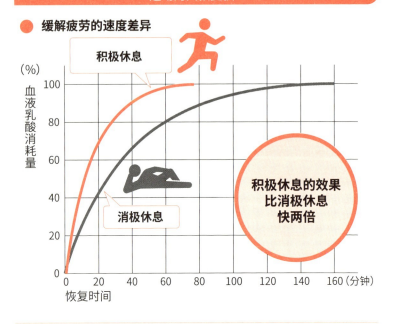

享受运动的同时将其变为习惯

应该有很多人会这么想:运动是最好的放松?这种话是骗人的吧,运动不是很辛苦吗?

如果你也觉得运动是辛苦的,可能是因为你的运动方法出了问题。有可能是运动的强度过大或者运动的项目不适合自己的身体。

比如说,完全没有运动习惯的人,突然慢跑 30 分钟,那一定会感到辛苦。这都是因为设定的目标过高或者当前自己体力无法完成,所以会觉得辛苦乃至痛苦。

在第二章里我也说过了:只有开心的事才能持续做下去。辛苦的事是持续不下去的。因此，**为了将运动转为习惯，有必要进行让自己感到快乐的运动。**

如何养成锻炼的习惯 1
每天晨起散步 5 分钟

有研究表示，每天坚持运动 15 分钟（快走）的人，会比没有这个习惯的人的寿命长 5 年。仅是 15 分钟的运动，就会获得无法估量的巨大效益。

因此我推荐**"晨起散步"**，也就是早起之后的一个小时内，沐浴着太阳光，快步行走 5~15 分钟。这样可以获得**"血清素的活性化""体内时钟重启""维生素 D 的活性化"**等各种健康效果，提高注意力，上午的工作也能顺利进行。

最重要的是，在清晨的蓝天下散步，人会感到"清爽""心情好"与"快乐"。

没有必要一开始就勉强自己进行长时间的散步。首先从 5 分钟开始，渐渐加强到 15 分钟吧！想多走走的人，可以再走一会儿。因为"心情好""快乐"，所以明天也想继续走。最重要的是，请养成每天至少 5 分钟的晨起散步。

早晨没有时间散步的人，也可以用通勤代替。此时**最重要的事情是沐浴阳光、挺胸收腹、姿态优美、快速（有节奏的）的行走。**90% 以上的人都是驼着背、磨磨蹭蹭地走，好不容易有个机会每天走十几分钟，采取这种血清素得不到激活的走路姿势，是很可惜的。

改变走路姿势，提升走路效果！

- 驼着背

- 沐浴阳光
- 挺胸收腹
- 速度快、节奏稳

如何养成锻炼的习惯 2
加快日常行走步伐

很多人认为，运动的目的是减肥，想通过慢跑来有效燃脂，所以从一开始就制定了"30分钟慢跑"这样不合理的运动计划，最后觉得辛苦，三天就放弃了。

在这里我问个问题。**同样是两公里的距离，"快走"和"慢跑"哪个消耗的卡路里更多？**

你可能会觉得,一定是慢跑消耗的卡路里更多,那就完全错了。其实是没有区别的。

两公里的距离,快走(时速约 4 公里/小时)的话耗时 30 分钟。如果是慢跑(时速约 8 公里/小时)的话耗时 15 分钟。慢跑在单位时间内的卡路里消耗是快走的两倍,但时间也是快走的一半,两者消耗的卡路里总量是相同的。

觉得"跑步令人心情愉快!""慢跑是最好的!"是不错,但是对于不习惯跑步的人来说,跑步对精神与体力都是负担,所以很难坚持。

在这里,我推荐一个持续率比较高,不怎么费钱且简单的方法——**"走一站"**。

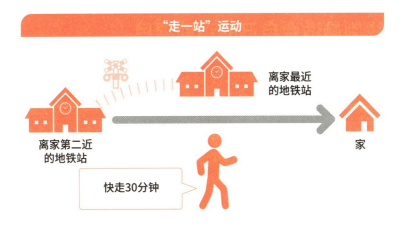

在回家的地铁上,提前一站下车,快步走回家。 这样的话,大致能走两公里(约 30 分钟)。15 分钟的慢跑让人难以忍受,但是 30 分钟的快走应该不会那么辛苦。

另外一个问题。**快走和全力奔跑，哪个脂肪燃烧率更高？**你可能觉得，当然是全力奔跑更能燃烧脂肪。这又是错误的认知。

脂肪的燃烧需要氧气。有氧运动中，脂肪会燃烧。屏住呼吸进行的力量训练、短距离跑步都是无氧运动，燃烧的主要是葡萄糖。以上气不接下气的速度奔跑，与其说是有氧运动，不如说是无氧运动，所以很难燃烧脂肪。

快走对减肥很有效，也比较容易坚持下来，从这点讲，这个方法是不错的。

即使勉强运动，但无法持续的话，最后还是没有意义。所以我推荐从"快走"这样毫无压力的运动开始。

如何养成锻炼的习惯 3
找到最适合自己的运动项目

每个人都有适合的与不适合的运动，也有做了能够感到快乐或不快乐的运动。比如，喜欢力量训练的人中，很多讨厌慢跑，更愿意去健身房用器材进行训练。相反，喜欢有氧运动的人大都讨厌力量训练，对在室外潇洒地跑步情有独钟。

我本人非常讨厌在跑步机上运动，觉得简单且重复，所以在健身房里做的是武术与有氧健身操结合的项目。进行这个项目时，身体的活动非常复杂，双手和双脚各司其职，动作也不断变化，可以说是一边运动，一边用脑。

毫无疑问，这也是一种"脑力训练"。最后毫无差错地做完的话会有很大的成就感。这样子，45分钟飞逝而过，结束以后浑身大汗。

我就是这样的人，不喜欢单一的运动，喜欢复杂且需要动脑的运动。

有人喜欢单一的运动；有人喜欢复杂的运动；有人喜欢力量训练，一个人坚忍地锻炼；有人喜欢网球、乒乓球那样的个人对战式体育活动；有人喜欢棒球、篮球、足球那样的团体对战式体育活动。这完全是萝卜白菜，各有所爱。

但是有一点肯定没错：**做适合自己的运动就会快乐，不适合自己的运动就会感到痛苦。**

运动有益健康，但是一直忍耐着辛苦与痛苦，不会对健康有好处。我们应该找到适合自己的运动，在享受中坚持运动。

"享受运动"，就是"玩 × 运动"，即把运动当作玩来享受。

【桦泽的"玩"体验】其三

读书

身为作家的我,能够把读书说成是兴趣与玩吗?还是说,它是工作的一环呢?其实,读书对我来说与电影一样,是最轻松的娱乐方式,是最能帮我转换心情的方法,也是我写作下一本书的能量与营养。

虽然读书也可以说是工作的一部分,但是其过程非常快乐,让我得到极大的解放,是我人生中最重大的乐趣之一,所以在我心中,读书是最好的放松。

在这里,我想写一下自己与书的相遇。

开始读书

如前所述,小学、中学的时候,我只看电影、电视剧,完全不读书。因此,我在小学、中学阶段,所有课程中最不擅长的就是"语文"。

小学六年级的时候,以小组为单位会有"交换日记"这种活动。因为是5个人一个小组,所以每星期都会轮到我一次。虽然只是写两三百字,但都让我无比痛苦,因为我是完全写不了文章的小学生。

后来,我遇到了改变我一生的书。高一的夏天,《星球大战》粉丝俱乐部的朋友强烈推荐我读"一本超级有趣的小说"并借给我 5 本书。我俩都是《星球大战》的粉丝，对电影的喜好也很相似，所以我觉得他推荐的准没错，于是开始读了。

这本书叫**《豹头王传说》**（栗本薰著，早川书房），是一本英雄奇幻小说，以剑和魔法的世界为背景写作。

那时候借来的是"边境篇"的 5 本。第一本叫《豹头的假面》，主要介绍人物与世界观，所以不是那么有趣。但是第一本的最后，故事就突然变得有趣起来了。到了第二本中间部分，已经有意思得让我放不下了。

仿佛被粘在凳子上一样，我会连续好几个小时忘我地阅读《豹头王传说》。幸好当时是暑假，不上课。那时我还没有读书的习惯，阅读速度很慢，所以整整花了 10 天读完。

看完这 5 本书后，故事告一段落，我想：**这是怎么回事？这么有趣！小说是这么有意思的吗！原来世界上有这么有趣的小说！**我不知道自己是感动，还是惊讶于与未知世界的相遇。

于是，我马上和朋友联系，又借来了当时已经出版的 12 本，趁着暑假读完。那是我第一次感到读书的乐趣。

享受读书的高中、大学时代

从那以后，除了期盼着每年新出版的 4 册《豹头王传说》，高中时代的我还读了很多传奇、科幻和恐怖等类别的小说。

当时，我上学路上需要花费一个小时，这一小时是读书的最佳时间。除去考试前等特殊情况，我每天可以读一个小时以上的书，这样，三天就能读完一本，一星期可以读完两本左右。

有时间的话我还会去旧书店，在百元文库本专柜中物色有趣的小说，这是我最喜欢做的事。

栗本薰的《豹头王传说》开启了我的读书生活，从高中时代起，我便保持着每个月读 10 本以上的书。**我现在之所以能够成为作家，毫无疑问是由"读书"所奠定的。** 作家桦泽紫苑的存在，是托了栗本薰的福。

另外，**因为在高中时代保持读书习惯，不知何时，"语文"成为我擅长的科目。** 高考帮我得了不少分。加上我高三时开始写电影评论，所以写文章的能力逐渐上升。

进入大学后，为了加深对电影的理解，我阅读了大量关于美国文化、宗教、人种等问题的书，并对心理学产生了极大的兴趣。

📖 让我立志做医生的那本书

在大学医学部六年级的夏天，我迷茫于毕业后是以内科做专业还是以神经科做专业。当时，书店在搞"夏季角川文库展"，梦野久作的**《脑髓地狱》**（角川文库）映入了我的眼帘。

在那不久前，我看过电影版的《脑髓地狱》，之后虽然也想读一读原作，但是因为有国家考试，所以完全忘记了。于是，我当即买下了《脑髓地狱》的文库本，开始阅读。

这本书是号称"会为精神招来异常"的日本三大奇书之一。

所谓"精神异常"是，它描绘了人类充满谜题且深不可测的精神世界。

读完这本书，我感慨并确信——精神医学的世界真是好深奥。若要让我选择花一生时间去探索的领域，非精神医学莫属！

回想当初，尽管距离现在已经过去了三十年，但我仍觉得做了一个正确的选择。大学六年级的夏天，要是我没有读《脑髓地狱》的话，说不定"神经科医生桦泽紫苑"就会变成"内科医生桦泽紫苑"。这么想来，书的影响、书与人的相遇是能够改变人生的。

总之，我很喜欢看书。因此，从大学时代开始，就有了"总有一天我也要出书"的想法。

📖 读什么样的书，成为什么样的人

我在学生时代，每个月坚持读10本以上的书，加上杂志有20多本。成为医生，收入增加后，每个月的买书预算为3万到5万日元，其中也包括医学书籍。我继续保持每个月20到30本的阅读量。我家的地上堆满了书，走路时得踩着书通过。

二十来岁所读的大量书籍是我如今的知识源泉。最近，我深切体会到这一点。

有些书读完之后立竿见影，会立刻觉得有所收益，但真正让人回味无穷的书，是那种十多年后，当你再次捧起来，大呼其意味之深远的书。

作者的书架

比如库伯勒·罗丝的《论死亡与临终》(*On Death and Dying*)一书。读完这本书的好几年以后，某一天我发现某一位患者的心理与那本书上所写的一模一样。"原来是这么回事啊！"我不禁发出这样的感慨。

读书的累积与日常的生活经验成为我写作灵感的源泉。**读什么样的书，就成为什么样的人！**这句话一点儿不假。

持续读书几年以后，你会发现自己飞速成长。这是读书"真正的乐趣"。

书是"大脑的肥料"，也是"人生的肥料"。读书是工作，还是放松呢？拿玩的心态读书，飞速成长，工作也能够得到非常好的效果，在此意义上，读书是一种放松。

如果觉得读书只是为了工作，就会觉得辛苦而坚持不下去。因此，为了玩和享受而读书比较好。

让人生快乐的最好的放松，就是读书。

学生应该读什么样的书？

在我的频道里，有学生问我在学生时代应该读什么样的书。我的回答是——**"轻小说"**。

提问的人估计是希望我能给出一些确切的书名吧。但如果是没有读书习惯的人，即使推荐一些不太难的书，恐怕他们也很难读完。

在学生的读书活动中，重要的不是"读什么"，而是"读书的习惯"。

也就是说，只要读自己觉得有趣的书就可以了，容易办到的就是"轻小说"。如果你看了动画片《刀剑神域》觉得很有趣的话，那就去读读原作的轻小说版。如果符合自己喜欢的世界观，应该就能一口气读下去。

作为中学生、高中生，不一定非要读夏目漱石，先轻松地阅读"轻小说"，也未尝不可。我希望各位年轻人能够先体会到小说的趣味。这样接下来就会想着"读小说真有趣啊"，逐渐为读书着迷。

读书多了，阅读能力会得到提高，阅读速度会变快。**难度大**

的书随缘就好了，进了大学以后再读也不迟。

不过，读完轻小说以后，可以和朋友聊聊这本轻小说，或者写个短文感想，将"输出"组合进行。**通过"读书后输出"这个过程，人的思考能力、自我洞察力、归纳能力会得到飞跃性的提高。**

这些对职场人来说是非常重要的能力。

八大诀窍带你提升脑力

玩得对，就能提高脑力

第三章中，我分享了"玩"的方法以及如何在玩中让自己成长。

在玩上下各种各样的功夫，能够让人更加快乐，**还有可能产生加快大脑运转速度的训练效果。**所以说让大脑加速也毫不为过吧。

本章我们说说玩的诀窍，让我们一起玩到极致！

提高脑力的八大诀窍

① 体验感动	▶	P195
② 沉浸其中	▶	P209
③ 开动脑筋	▶	P217
④ 不花钱	▶	P225
⑤ 社交	▶	P235
⑥ 控制力	▶	P249
⑦ 活到老，玩到老	▶	P266
⑧ 挣钱	▶	P273

玩的诀窍 1   用感动的体验为大脑创造新的回路!

体验感动

感动体验会留在记忆中的原因

提高脑力的方法,第一个,就是感动,**当体验感动,这种体验会留在记忆中。**

比如说,在我小学的时候,和父母妹妹一家四口第一次去登山。我们登的是北海道的驹岳山,海拔1131米。山并不算高,但是对小学生来说,爬到山顶也是非常累的。当从山顶眺望内浦湾和大沼国定公园时,景色非常漂亮,这次经历就作为巨大的成就感以及强烈的感动体验留在了我的脑海里,即使到现在过去了50多年,这种感受依旧存在。

你是不是也清晰记得多年前,自己还是小孩子的时候经历的那些感动体验呢?或者再换个时间点,你结婚的时候,来参加的宾客,说了些什么话带给你感动体验。

感动体验之所以能够留在记忆中,那是因为在**人感到"啊!好感动啊!"的瞬间,大脑中多巴胺、内啡肽、肾上腺素等各种各样的脑内物质会像花洒中的水一样喷涌而出。**

多巴胺、内啡肽之类的幸福物质有增强记忆的作用。另外,兴奋物质肾上腺素也有此作用。

也就是说,我们在感到"啊!好感动啊!"的时候,大脑会分泌大量的记忆物质,也正因此,感动体验非常容易被铭记。

感动体验是大脑的"线路延伸"

通过旅行、读书等行为获得新体验的时候,人们会感慨"啊哈,有这样的事情",进入一种惊讶、感动交织的状态,这可以说是一种"啊哈体验"。

脑科学家茂木健一郎强调,"啊哈体验"在大脑培养方面是非常重要的。人在经历伴随着感动的"啊哈体验"时,大脑回路的连接会发生改变。

感动体验不仅会被深刻记忆,而且会改变大脑的回路。 神经细胞具有很多的树突。树突与树突之间,是以"突触"相连接的。

脑内物质的喷涌,会对突触的结合发生作用,使脑回路变得更加宽广并产生新的脑回路。简言之,**经历过感动之后,大脑会瞬间成长。**

让大脑中诞生新的回路，是非常厉害的事情。

东京都内，新开了一条"副都心线"，这就使得交通更加便利。同理，不断积累感动的体验，脑海中的线路也会更加四通八达。东京的地铁线像网一样，星罗棋布地交织，提供了极大的交通便利。你的大脑也能够开通新的路线，极大提高大脑的效率。

引起这一切的，就是"感动体验"。

平时就有挑战新事物，学习新事物的人是经常在进行"大脑地铁路线"的延伸工程的。**感动体验使得"工程速度"提高几十倍。**

每天重复无聊的日常、过着千篇一律的生活、几乎没有什么开心事的人，长此以往，脑的老化速度会加快。

2020年，老旧的"银座线"修葺改造工程结束，涩谷站也大面积重新装修了。如果不进行修葺改造的话……那最终就只有废止了吧！

你想要如何使用你的大脑？是放任神经细胞数量减少、变得老旧？还是经常"装修改造"，延伸新的路线呢？

在现实世界中，延伸一条地铁线，需要数年的时间和数千亿日元的费用，相比之下，延伸大脑的路线要简单多了，只要体验感动就可以了。

"玩"让感动如此简单

你所参与的公司项目获得了极大成功！太好啦！

或者，客户给你写来了感谢信，让你觉得自己做的工作真的太好了，太有价值了！

再或者，你的业绩受到了公司的积极评价，获得了"社长奖"，太好啦！

工作中也有像这样的感动瞬间，但是，这种事情，一年也不会遇到几次。在工作中获得感动体验是非常难的，也不是每个星期都能发生的。但是，通过"玩"来获得感动体验是非常简单的。我每个星期都能感动一次——每周看10部电影，每2部就有1部能让我感动到流泪。

想象一下，你最喜欢的艺人（或者偶像团体）开演唱会。你一定从一个星期以前就开始兴奋激动，觉得十分期待。在实际参加过程中，也会感到超级快乐和幸福。

在工作中如果能够天天感动当然是最好的，可是那非常难，不过如果是"玩"就很简单。

如果沉默着什么都不做，感动体验是不会自己向你奔来的。电影也好，音乐会也罢，只有自己主动买票去看才行。**主动出击，从自身开始行动，可以飞跃性地增加"感动"的机会。**

感动体验型娱乐前三名

那么,为了获得感动体验,应该培养怎样的兴趣,参加怎样的娱乐活动才好呢?接下来,我为大家介绍获得感动体验前三名的娱乐活动。

感动体验型娱乐第一名
享受故事

有一种要素,比较容易与感动相连接,这就是共鸣。共性越多、共情越容易,也就更容易产生共鸣。

比如,和自己有着相同的软弱之处的主人公想要挑战巨大的考验,你对这一点有共鸣,那么就会有感动。

也就是说,**共鸣需要"故事"。**

完全没有美术基本知识和鉴赏力的人,看到凡·高的画会感动吗?应该不会吧!

然而,看看凡·高的生平。他在作品完全卖不出去的困境中,保持对绘画的热情,精力充沛地坚持绘画,即使患上了精神疾病,也继续画画。当然,这也是因为有全身心支持他的画商——弟弟提奥的缘故。

知道一幅画背后的事情,人就容易有"巨大的感动"。一旦有故事,人就容易共鸣、感动。

电影、动画、剧集、漫画、小说,这些都是"故事"性的东西。主人公的性格、生平与自己相吻合就更容易共鸣。

比如，2020年爆火的漫画《鬼灭之刃》之所以大受欢迎，是因为其中塑造了很多生平、性格、特征完全不同的人物，谁都可以从中找到让自己产生共鸣的形象。以这样的人物为切入点，大家能够很容易进入故事，从而被感动。

电影、动画、剧集、漫画、小说……都可以，请通过你喜欢的、身边的娱乐活动，来获得感动。

观看震撼灵魂的作品

如同第一章的专栏中所写那样，我是铁杆影迷。但是，我从来没有过被有追逐场景的功夫大片感动的经历。

我选择电影的标准之一，就是电影能否震撼灵魂，这是重要的标准。

之前我写过，每看两部电影会被一部感动到流泪。读了这句应该会有读者想，这泪点是不是太低了，但是，如果以能震撼灵魂为标准来选择电影的话，就不难理解有50%的概率可以找到感动人心的电影。

当然，有时候我也会观看恐怖电影或者动作大片来调节一下心情。但是总的来说，因为我是神经科医生，所以更想要看接近人性本质、描绘内心剧情的电影，用简单的语言来描述，也就是能震撼灵魂的作品。

有了这样的标准后，无论是看动画，还是看漫画，遇到感人作品的概率也会大大提高。

体验之后，阅读背景故事

在观看电影、动画之前看相关信息的话有泄露关键剧情的危险，因此最好在看完之后再去补充背景故事、剧情分析等相关信息。

电影结束的瞬间，很多人会觉得电影观赏结束了。不不不，**结束的瞬间，才是电影鉴赏的开始。**看完电影后，阅读导演、演员的采访与摄影花絮，会有意外惊喜——"啊！原来是这么一回事啊。"有的作品会有官方网站，去那里看看，会有一些特别信息，还可以通过网络检索，阅读更多的详细解说。输入电影的相关信息和背景故事，信息越多，你的"共鸣点"会越多，感动体验就会加深。

另外，**和一起看电影的朋友、恋人、家人聊聊感想也是观影的乐趣之一。**

这时候，就会有很多新发现——"啊，原来会有人这样想啊！""还有这样的解释吗？"在想到"原来是这样"的瞬间，大脑中神经回路的连接就发生了变化（"啊哈体验"）。

很多人认为，观影的过程是最容易获得感动体验的，但是**听或者读其他人对同一作品的感想和解释时，往往会回忆起电影的场景，感动的感觉被唤醒，然后热泪盈眶。**补充一句，我也一直希望自己能够写出能感动大家的电影评论。

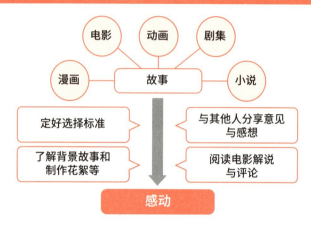

感动体验型娱乐第二名
现场活动

除了"共鸣",容易带来感动的要素还有一个,那就是"**刺激五感**"。

电影主要刺激"视觉"与"听觉"。我非常喜欢在电影院看电影,不太在网上看。因为**不在电影院看的话,无论是影像还是音响,效果差很多**。同样是用两个小时,看同样作品的话,我更想在电影院里观看,这样的画质和效果下,感动也会是好几倍。

越有现场感,感动越深刻。因此,即使是相同的作品,比起在家用手机、电脑看,在电影院看更能获得感动。

进一步讲,**像舞台剧、音乐剧这样有演员来表演、有舞蹈家**

来跳舞的剧目，如果是亲眼见到，感动会更加深刻。

没有亲眼看过舞台剧的读者，请你一定要去看一次。你要想，在电视、电影里熟知的那个演员，正在自己眼前，为了自己演戏哟。演员的感情、想法、声音的抑扬顿挫以及呼吸的气息都能以最近距离感受到，这是怎样的一种临场感啊！你会卷入一种由非语言信息组成的风暴之中，然后获得巨大感动。

不仅是舞台剧，只要是现场演出这类活动都能够刺激视觉、听觉、震动感、体感等感觉。刺激多个而不是一个感官，使我们更容易感动。

临场感和氛围感也是非常重要的。在现场音乐会或体育竞赛中，喜欢同一个音乐或支持同一个队伍的观众之间会产生连带感，也更能振奋情绪，这会产生**和看电视完全不同的乐趣，只有在"现场"中才有。**

对于体验过现场的人来说，其中的乐趣是理所当然的，他们有可能会觉得不需要解释。但是，仍有很多人并没有在现场观看过舞台剧、音乐会或者球赛，"感动的世界"等待更多的人去探索。

要不要去打开那扇"未知的大门"呢？

最重要的是"尽可能坐前排"

位置越靠前，感动越深刻。你可能觉得这是理所当然的事情，但是实际上有很多人并不这么做。

比如，我主办的研讨会。开场后不久，座席后方就坐满了。

前三排明明还有空位，但是总会有人坐到最后一排。我看到这样的人，就会问为什么？

坐在后排，很难看到老师的表情，非语言信息很难传递那么远。这样的话，感动会减少，大脑中能增强记忆物质的分泌量也会减少。

也就是说，**越是坐在前排听课，学习效率越高，越是坐在后方，学习效率就越低。**

在研讨会中坐在最前排有可能会被讲师提问，因而有些人会避开前排，坐到后排。但是，"有可能被提问"这种轻度的紧张感，能够让大脑适度的分泌去甲肾上腺素。这是促进记忆增强效果极好的物质。

坐在最后一排，认为自己绝对不会被叫到而散漫自由听讲的人，从脑科学的角度来看，毫无疑问，学习效果比较低。

听音乐会太靠前的话，声音的平衡与空间感都不是很好。此外，看舞台剧的话，太靠前有可能看不到舞台全貌。所以上述场景可另当别论。

基本原则就是"尽可能靠前"，感受演奏者、表演者、讲师等的表现，感受临场感，这对感动、学习都是非常有意义的。

我在第一排观看了音乐剧《吉屋出租（RENT）》！

我最喜欢的音乐剧是《吉屋出租》。剧中故事发生在20世纪

80年代末的纽约,一群年轻人在连房租都付不起的贫困生活中,坚持梦想,与艾滋病奋战。2005年,这部音乐剧电影化后,我在电影院被感动到眼泪稀里哗啦。

其后,我无论如何都想在百老汇看一次《吉屋出租》,于是2007年,我去了纽约百老汇。那时候还没有现在这样便利的网络预约系统,我直接去售票窗口买票,但是已经售罄。

窗口卖票的女士告诉我,如果在开场前两个小时来的话,有可能通过登记抽签买到追加的票。这种票的座位一般在剧场的最左或者最右方,看不到舞台整体,价格是普通座位的一半,且只能当日观看,大概有20张左右。在抽签队伍中排着的,除了我之外,都是买不起全票的十几岁的孩子们。等到抽签结果发表,我意外"中奖"!是第一排右边数第三个座位。这不是超级特等席吗!坐在第一排的临场感简直让人拍案叫绝。演员们表情的微妙变化与气息,全都能看到、感受到,因为,他们距离我只有两米。

这次经历还让我明白了一点:我曾经以为舞蹈家跳的舞总是毫无瑕疵,但实际上,他们也会犯些小错。当然,他们会马上修正,但那一瞬间,脸上会有"糟了"的表情。演出结束后,我在外面等着,还得到了舞蹈家的签名。

在纽约百老汇期间,我看了很多音乐剧,但那次给我的感动无与伦比。

临场感、空气感、氛围感……有的感动,只有在现场才能感受到。有很多人会说:"舞台剧、音乐剧票价很贵!"作为一次体验可能的确比较贵,但是也有可能像我的《吉屋出租》体验一样,带给人无与伦比的享受。后来,我和太太两人每次去看音乐剧都会感慨:"那时的《吉屋出租》是真的好啊!"

如果可以在每次输出时都回忆起感动体验,然后再次感动,其实相对而言,成本并不算高。

感动体验型娱乐第三名
艺术——美术鉴赏

一旦我提议"去美术馆吧!"肯定就会有人反驳说"我不太懂艺术"。我觉得不懂也未尝不可,正是因为不懂,从今往后,才可以理解艺术的有趣之处,反复品尝感动,踏入拥有无限乐趣的世界。也就是说,**"什么都不懂"的人,最具有发展潜力。**

接下来,为即将第一次踏足美术馆,或者说美术馆的初入者来介绍我的美术馆玩法。

①和朋友一起去

我不太建议美术馆的初入者一个人去，**和比较熟悉美术的朋友一起去，让朋友帮忙解说、品鉴会比较好。**或者，在你参观结束后，跟朋友分享感想，可以发现"啊，还有这样的看法"。这样，能够学到观看美术作品的方法。

②提前做功课

如果"关于艺术什么都不懂"，那么只要学习就行了。提前读一本相关的书，就能掌握大致的基本知识。

比如，决定去观看凡·高展的话，最好能事先阅读一下类似《凡·高展的参观方法》之类的导览书，或者看一部描写凡·高生涯的电影，也能够帮助你深入到作品内部。

③一定要借讲解器

大多数美术馆都会有语音讲解器，这种语音导游装置里录制好了本次美术展览的基本信息，所以初入者一定要借。**至少，我每次去都会借。**最近10年，只要场馆提供语音讲解器，我都借了。

但是，有一个奇怪的现象，好像越是不懂美术鉴赏的人越不会借语音讲解器，可能他们是觉得已经付了门票钱，没有必要再产生额外的支出。但是，已经买了1500日元的门票，也花了两个小时的时间来参观美术展览，如果不能充分理解作品，似乎会更加得不偿失。所以，借语音讲解器是明智的选择。

④ 与朋友分享

和朋友参观完美术馆后可以去咖啡厅或者居酒屋,畅聊一下感想。**不仅是为了听对方的想法,也是通过自己的输出整理一下大脑,增进理解。**几个人共同分享感想后你会发现,虽然大家看的是同样的画,但是每个人的感想完全不同,这真是件有趣的事情。

⑤ 通过社交软件输出体验

去参观结束后通过微博等社交软件整理、归纳感想,也是一种输出。**和朋友分享感想之后,重新把感想归纳成文字也是很重要的。**

将大脑中模模糊糊的思想与感情转化成文字的过程是一种"语言化"。绘画的鉴赏很难用语言表达,正因为如此,这个过程可以很好训练"语言化"输出。

⑥ 阅读他人的感想、解说

自己输出以后,在网上检索、阅读他人的感想与解说,这样,能够进一步学到新的"看法"。

我不建议不归纳自己的想法就去检索、阅读他人的感想。那就像自己完全不思考,直接去翻阅试题集的答案一样。这样只能锻炼出容易被他人的想法所影响的大脑,无法提升、归纳自己想法的能力。

玩的诀窍 2　主动式休闲创造心流状态

沉浸其中

只有沉浸其中才能感受到幸福

靠"玩"就可以收获幸福！这是本书想要传达给大家的一点。

靠"玩"就可以收获幸福！大部分的人都认为幸福需要事业上的成功或者金钱上的充裕吧，实则不然。关于这点，也不能尽信我一家之言，下面给大家介绍一下世界级心理学家的观点。

近年来，研究"如何变得幸福"的幸福心理学（积极心理学）在世界范围内火了起来，其奠基人米哈里·契克森米哈赖（Mihaly Csikszentmihalyi）这样说道：

心流即幸福。

所谓"心流"就是一种沉浸的状态，是你全身心投入某一件事，忘记时间的那种体验。

比如说，你全神贯注地阅读一本小说，一口气读完后，发现已经过去四个小时了。这种体验谁都有过吧。再比如有时候加班特别投入，不经意间就到了半夜12点，连最后一班地铁都错过了。

忘记时间，高度集中，心无旁骛地做事，此时事情也进展地极快，完全不受外界的影响。这种全神贯注沉浸其中的体验，就是心流。

所以，在进行大量跟"幸福"有关的研究后，契克森米哈赖得出了"心流即幸福"的结论。**沉浸的时间就是感受幸福的时间,所以沉浸时间越多的人,就越幸福。**

有人倾向沉浸于工作,有人倾向沉浸于兴趣和玩耍之中。也就是说,**即使一个人在工作上少有成就,但如果能在兴趣和玩耍之间沉浸,忘掉时间,也是能获得幸福的。**

能沉浸于兴趣和"玩"之中的人应该会认同上述的想法,就我个人而言,电影是我的一个"沉浸"选择。

在看电影的两个小时里,我完全进入电影的世界,把电影之外的事情通通忘去,享受纯粹的观影时光。

如果工作上遇到什么难处或者有什么糟心的事发生,但当天晚上能去电影院看场电影,我也会觉得这一天挺开心的。

总结一下,**全情投入地去玩吧,这样是可以幸福的!** 比起事业成功、富有多金来说,放肆去玩似乎更简单,也能很快看到效果,且不至于搞得自己身心俱疲。

所以,让我们尝试一下"沉浸式玩法",如果此刻你有感兴趣的事情,那就多投入一点儿时间,体会心流带来的快乐吧。

"被动式休闲"和"主动式休闲"

契克森米哈赖曾著有《发现心流:日常生活中的最优体验》[①]

[①] 译注:英文原名 Finding Flow: The Psychology of Engagement with Everyday Life,最早于 1997 年在美国出版。作者此处引用的是由日本世界思想出版社引进、大森弘翻译的版本(2010 年)。本书采用最新中文版图书的书名。

一书，他是幸福心理学（积极心理学）的奠基人之一，在这本书中，他论述了娱乐、玩耍、兴趣等要素与幸福体验的关系，将休闲分为**"被动式休闲"**和**"主动式休闲"**。

"被动式休闲"的代表是看电视、打游戏、玩手机等。

"主动式休闲"的代表是读书、桌游（象棋、围棋等）、乐器、舞蹈、运动等。

"被动式休闲"的特点在于它不需要注意力和技能，只是随它去就行，属于一种"浪费型娱乐"。与其相比，**"主动式休闲"需要有一定程度的注意力，同时伴随某项技能的提升，还需要预设目标。**

诸如象棋、乐器、舞蹈、运动，此类的活动都需要练习，水平也会通过练习而提高，进而精进，变好、变强，在这个过程中可以收获快乐。然而提升这些技能并非轻而易举，所以一旦有所提升，是很有成就感的。这就是"主动式休闲"。

被动式休闲和主动式休闲

被动式休闲	主动式休闲
电视、电子游戏、手机	读书、桌游（象棋、围棋等）、乐器、舞蹈、运动
不需要注意力、技能	需要注意力、预设目标、技能提升
难以进入心流状态	容易进入心流状态
注意力下降	注意力上升
无法获得自我成长	加速自我成长
消费型休闲	**自我投资型休闲**

参考：米哈里·契克森米哈赖《发现心流：日常生活中的最优体验》

经常使用电视和手机会分散注意力

被动式休闲较多的人很难进入心流,主动式休闲较多的人则容易进入心流,这点值得强调。具体来说就是:**看电视无法帮你更好进入心流,而阅读却可以。**

沉迷电视、电子游戏或手机的人注意力不容易集中,所以无法进入心流状态,即使换到工作场景,在关键的时候也无法将注意力集中。

相比之下,倾向于读书等主动式休闲的人平时就在训练自身注意力,所以换到工作场景中,也很容易集中和高效地进入心流状态,从而有更好的表现。

根据契克森米哈赖的"心流即幸福",我们可以说,**主动式休闲容易进入心流,从而容易使人感到幸福;被动式休闲难以进入心流,难以使人感到幸福。**

所以说,如果人们每天有一个小时用来休闲,把这一小时用在被动式休闲中,然后丧失注意力的人和在主动式休闲中锻炼并成长的人,肯定会有大相径庭的人生。

将"被动式休闲"变为"主动式休闲"

契克森米哈赖提到两个进入心流的条件——**明确的目标和及时的反馈。**

很多习惯看手机的人大都会有这样的体验,"怪无聊的,看看手机有啥好玩的吧",于是抱着这种想法玩起了手机,从一个应用跑到另一个应用,从一个界面刷到另一个界面,结果毫无收获。

但是,**同样也是看手机,如果事先设定好了目标就会有所不同。**比如,为了查询跟自己工作相关的信息去看一些这方面的内容,这就是一种"目标设定"。

在浏览查询后,将这些跟工作相关的信息保存整理起来,之后再进行更深层的调研整理,从而再次得到有价值的信息,这是一种"反馈"。

同样是看手机,从"漫不经心看"到"带着目标看",就将"被动式休闲"转变成了"主动式休闲"。

电视也是一样道理。很多人看电视喜欢随便看看,我喜欢看《情热大陆》[①],因为总想能从节目里的人身上学到点什么。

我会带着明确的目的去看电视,每次看完后都有新的感想和认知,再通过社交媒体把这些感想和认知公开,这其实就是一种很好的反馈。

简而言之,**任何形式的休闲如果能和"输出"并行,那就能变为"主动式休闲"**,因为"输入"是被动接受,而"输出"是一种自发的行为。"输入"这个过程并不太需要注意力,相比之下,"输出"是需要注意力集中的。

我们可以这样理解:**输出=主动摄取=注意力的训练=心流训练。**

---

① 译注:《情热大陆》是日本一档深度人物纪录片节目,以日本各行各业中的杰出人物为题材。

首先要有一个目标,然后要和"输出"相结合。 只有意识到这两点,才能将"被动式休闲"转变为"主动式休闲"。时光不等人,要积极向能够提升个人技能的自我成长型玩乐转变。

"被动型游戏"和"主动型游戏"

我在社交媒体上提出"游戏是一种被动式休闲"的观点时,有人提出反驳意见,比如**"游戏中也有不认真思考就无法过关、战略性强的类型""找不同之类的游戏如果不集中精力就没办法通关,难道不能作为脑部锻炼吗"**等。

我认为大家说的没错。哪怕都称作"游戏",也分为手机上只要动动手指就能增加经验值和物品的"被动要素强的游戏",以及需要较强的专注力,以战略性和提升技巧为主的"主动要素强的游戏"。

另外，拿着攻略书，按照上面的内容玩RPG游戏（角色扮演类游戏），这是一种"被动型游戏"。可是如果完全不看攻略书和网上的攻略网站，不依赖任何外界信息，独立思考、独立判断，通过不断试错（输入、输出、反馈等操作）来通关游戏的话，游戏就会变成主动型游戏。

举例来说，孩子中正在流行一种名叫《我的世界》（Minecraft）[①]的游戏，在网上用像乐高积木块一样的物品，按照自己的想法造出自己喜欢的世界。

这个游戏可以锻炼孩子的创造性和艺术素养，可以做出建筑等属于自己的作品，可以说是"主动要素强的游戏"，具备很强的输出性。

另外，同样是游戏，与人面对面对战的桌游和卡牌游戏必须设法制定成熟的战略，读懂对方的心才能获胜，所以属于主动游戏。

还有，如果是多人游戏，比如5个人玩，那么每个人的胜率只有20%。哪怕游戏本身很简单，可是获得第一名的难度却很大。一旦获胜，就能体会到极强的成就感。

我也非常喜欢桌游和卡牌游戏，曾经非常沉迷。

假设同样是玩两个小时游戏，主动型游戏比被动型游戏锻炼大脑的效果更好，还能获得沉浸式锻炼等附加效果，所以我推荐

---

① 译注：一款第一人称视角的三维沙盒游戏。玩家可以在三维空间中用不同种类的方块自由地创造，用想象力建立并探索一个专属于玩家的世界。

大家玩"主动型游戏"。

沉浸的脑科学

当一个人进入心流状态或一种沉浸式状态中时,大脑会释放出什么样的物质呢?

除了多巴胺、催产素、内啡肽、去甲肾上腺素之外,还会释放**花生四烯酸乙醇胺**。之前说过,多巴胺、催产素、内啡肽都是幸福物质,能让人产生快乐、幸福的感觉。多巴胺和去甲肾上腺素能够提高专注力和记忆力,强烈激发大脑活性。

但我想有很多人没听说过花生四烯酸乙醇胺,这也是我第一次在书里详细介绍。

花生四烯酸乙醇胺的分泌与沉浸、投入、提升专注力、陶醉等相关。人们进入专注力强、能够忘记时间和疲劳的状态是大脑分泌的物质带来的效果。那么吃什么食物能够让大脑分泌更多花生四烯酸乙醇胺呢?

花生四烯酸乙醇胺的原料是花生酸。肉类,尤其是肝脏中富含花生酸。除此之外,鱼、蛋、"带筋的肉类"中同样含有大量花生酸。肝脏富含 B 族维生素,是能量代谢和激活神经的必要元素,因此可以认为肝脏是"**大脑渴望摄入的重要食材**"。

玩的诀窍 3

"稍微加一点儿"就能享受创意的乐趣!

开动脑筋

玩桌游时,玩多了会腻,这时只需要增加规则,就能改变游戏战略,产生新的乐趣,让玩家带着新鲜感享受游戏。

卡牌游戏玩多了会腻,这时可以通过补充新的卡牌,改变游戏战略,产生新的乐趣。食物同样如此。一开始吃"炒荞麦泡面"的时候会觉得好吃,可是吃到后面就不会像刚开始那么好吃了。这时稍微加一点儿蛋黄酱或者辣椒酱等调味料,就能改变味道,让食物变成另一种美味。

一直重复同样的事情就会变得墨守成规,减少幸福物质多巴胺的分泌量(或者降低敏感度),于是无法感受到同样的乐趣、美味和满意度。这时**需要开动脑筋做出改变,由此可以享受不同的乐趣,并且长久地享受乐趣。**

另外,动脑还可以分泌乙酰胆碱,锻炼创造和构思能力。

大家或许会觉得动脑钻研很难,其实**任何人都可以从今天开始立刻开动脑筋**,比如"在泡面里加一些新食材""给游戏增加一条新规则"等。接下来我会为大家介绍具体做法。

从今天开始给泡面加点料

如果我呼吁大家更多地享受人生、更多地玩乐,一定会有人反驳说因为没时间、没钱所以做不到。

可是无论你有多么缺钱缺时间，300日元的零钱和3分钟的时间总该有。只要有了这些，就能享受一次人生的快乐。方法就是——吃泡面。

恐怕时间越少、钱越少的人，吃泡面的机会越多，所以越容易实践。下面我来为大家介绍我的"桦泽泡面享受法"。

① 挑战没试过的品牌或口味

吃泡面时，很多人会选择常规产品或者自己喜欢的口味，我反而会更多选择从来没吃过的产品或者新品。总是吃同一种泡面相当于不想走出舒适圈，或者说无法走出舒适圈。

相反，**只需要吃一碗和平时口味不同的泡面，就能走出舒适圈**。这是一种挑战练习。难吃到无法入口的泡面很少，所以这种挑战可以说几乎不会踩坑。

发现没见过的泡面我就会变得兴趣盎然。比如，"名店"系列（日本知名实体拉面店的超市特别款系列），或者没见过的新包装。只要在便利店看到类似的产品，我就会感到兴奋。

尤其最近新推出了一系列人气实体拉面店的超市款，还原度相当高，有的产品甚至能有跟在店里吃一样的味道。"重现名店味道"系列的产品价格在250日元到300日元。大家或许觉得普通泡面只要120日元左右，这个价钱够买两个了，可是我们能够从中享受到品质的提升和一份小小的奢侈。

花 120 日元买来的常规口味泡面,以及花 250 日元挑战新口味,品尝令人感动的"奢侈味道",哪一种更让你开心? 只需要花 250 日元就能吃到令人感动的新味道,是多么划算的投资啊。

便利店里遇到喜欢的"名店"系列泡面是一件不错的事。我喜欢吃拉面,而且拉面合不合口味很重要。如果买到的泡面能重现我常去的拉面店味道,那么从某种程度上来说就是我的必点食物,不会出太大差错。

就个人而言,我是北海道人,有旭川的"山头火"和函馆的"紫阳花"口味泡面,我就会很开心。如果有札幌的"堇"口味和"榉"口味泡面的话那就太幸运了。

我会做出和平时不同的选择,并且在看到合自己口味的"名店"系列时期待而兴奋。这时我的大脑应该会分泌乙酰胆碱和多巴胺吧。

②制作泡面

下面让我们来制作泡面吧。**首先来看一看制作方法。** 很多人泡面的时候很敷衍,其实如果放入粉包和酱包的顺序错了,味道是会大打折扣的。

泡煮时间也十分重要。如果需要煮 3 分钟,就应该把时间设定成 2 分 30 秒。不会有人在做需要煮 3 分钟的泡面时,把时间设成 3 分钟吧?不设定时间,凭感觉制作也不行。这样的做法都让人难以接受。

把热水倒进碗里后再拿出手机把时间设定为 2 分 30 秒,因为当你按下计时按钮时，时间已经过去了 30 秒以上。而且定时器响了之后还要打开盖子，倒入需要后放的酱料包搅拌，加起来需要多花 1 分钟左右的时间。

也就是说，几乎所有人平时吃的泡面都超过了口感最佳的时间，享受不到这碗面的巅峰时刻。

请大家在倒入热水前，拿出手机设定准确时间，在倒入热水的瞬间按下开始。定时器响了之后还有 30 秒制作时间，此时开始倒入酱料包搅拌，时间就会刚刚好。

③ 3 分钟里需要准备什么

为了让泡面更好吃一些，我会事先准备好大碗，先倒入热水预热大碗，再把拉面放进热好的大碗里，这样吃到最后都是热气腾腾的。

把面倒进大碗后，再放点儿现成的蔬菜和煮鸡蛋等。只需要做到这些，面的卖相就会很好，看起来格外美味，能勾起食欲。

如果有大葱，可以事先切成能直接放进碗里的葱花。如果冰箱里有蘑菇、豆芽、菠菜或者其他蔬菜和肉，就放进锅里一起煮，然后连菜带汤一起倒进泡面里。汤里融入了蔬菜和肉的鲜味，美味程度会大幅提升。

④ 吃法

首先享受原味。选择"名店"系列和初次吃到的"高级泡面"（250 日元以上）时，如果一开始就加入多种配菜和调料，是对制作者的不礼貌。

先享受新款泡面的原味，感受一下这种泡面能在多大程度上还原店里的味道？浓度、口味，重现程度是不是相当高？一边回忆过去吃过的味道，一边和泡面做比较是相当困难的工作，可以将此作为引出过往记忆的脑部锻炼。

吃完后还可以写下几行感想，如果你打算将感想发在社交网络上，就会以输出为前提品尝，这让大脑和感觉更加敏锐。 然后将感想整理成语言，尝试用自己的语言表现泡面的味道。

吃了三分之一左右，品尝过原来的味道后，可以考虑稍微加点儿料，让面的味道更加突出。比如在盐味拉面里加入黄油就是常规操作。只需要放小小一块黄油，就能让拉面的味道变得非常醇厚，风味增加。再加上一小撮白芝麻，拉面就会变得更加芳香四溢。

吃"味噌"拉面时也可以加芝士，或者加一点儿辣椒酱，味道会有很大的提升。如果要加胡椒，不要选择胡椒粉，而是选择研磨的黑胡椒粒，香料的风味会强好几倍。山椒同样是调味时不可或缺的调料，家里还是要备点儿的。

我还会加入自己在阳台上种的豆苗，增加爽脆的口感，另外，常规配菜海苔也不错。

调味的重点在于尊重原本的味道，所以调料要适量添加。如果就是想品尝自己调味后的泡面味道，可以不选择高级泡面，在常规产品上下功夫。

考虑如何加点儿料就是在开动脑筋。假设"加入这个会变好吃"，然后进行验证，进入 PDCA 循环[①]**，还可以锻炼大脑。**

---

① 译注：计划 (Plan)、实施 (Do)、检查 (Check)、处理 (Act) 的首字母组合。

⑤ 泡面汤烩饭

吃到最后，面都吃完了，应该会剩下汤汁，这时可以把汤汁拌上米饭继续吃。因为我习惯把米饭分成小份放入冷冻室，所以总是直接把最后的汤汁倒进米饭里，大胆地加入半融化的芝士后放进微波炉里加热，然后加少许辣椒酱，这样豪华的拉面烩饭就完成了。如果汤汁足够美味，甚至不需要加芝士，直接倒入米饭即可。

写到这里，可能会有读者说："把泡面的汤全喝掉的话盐分太多，不健康。"如果你这样想，就不需要一次吃光。可以把剩下的汤汁冷藏（或冷冻）起来，然后分次用微波炉加热做成烩饭。只要 250 日元的泡面就可以享用两顿，这性价比可太高了。

像这样，**250 日元的泡面，只要你敢想，就能吃出花样来。**当然，120 日元的泡面同样可以。

只需要开动脑筋，大脑就会分泌乙酰胆碱和多巴胺，让我们感到愉快。如果能享受到期待中，甚至超出期待的美味，就会更加愉快！

那么，尽情品尝了 250 元一碗的泡面后，大家感觉如何？这只是其中一个例子。不限于泡面，在超市里发现新品速食咖喱和冷冻食品时，只需要想想怎么加点儿料，也能得到巨大的享受。只是一碗泡面就能得到如此大的享受。**看来享受不需要时间和金钱，只需要开动脑筋。**

用泡面锻炼创造性

我在推特上进行过的一项调查（参与人数1104人）显示，对于"你是怎么吃泡面的"这个问题，有79.3%的人回答"（不会另外加配菜和调料）直接做"，有20.7%的人回答"会加一点儿配菜，享受味道的改变"。

也就是说，5个人里有4个人不做任何处理，直接泡。通过一碗泡面，窥一斑可知全豹。平时会直接吃泡面的人，是不离开舒适圈的人，是缺乏创意的人。他们在各种情境下没有积极去享受人生的可能性很高。

吃泡面时不动脑筋的人更多

·你是怎么吃泡面的？

（回答数：1104票）

（不会另外加配菜和调料）直接做	79.3%
会加一点配菜，享受味道的改变	20.7%

来源：作者的推特

按照规定完成的事情，没想过加入自己的创作，这正是"输入型工作"。习惯"输入型工作"的人完全不会产生在其中加入新创意的念头，所以会按照说明直接吃泡面。

而善于自己思考，想出创意，习惯于"输出型工作"的人无论在兴趣还是游戏中，都会养成加入新创意的习惯。

反过来说，**在吃泡面时开动脑筋想想怎么加点儿料，可以锻炼输出型工作的能力和创造性**。自己想出创意，经过自己的尝试和验证，可以锻炼反馈机制，并能够在此过程中感受到快乐。我认为这正是能够让我们成为真正富有创造性的人的方法。

做饭是一种脑部锻炼

刚刚我举了泡面的例子，但其实在认真做饭的过程中，能做出更多各种各样的尝试。**做饭非常有利于锻炼大脑**。切菜、备菜、煮、烧、炒等工作需要有条理地进行，"下一步是这个""再下一步是那个"，做饭时必须一边思考下一步一边做。也就是说，**做饭可以锻炼统筹能力**，而且由于需要同时进行多项任务，所以还能锻炼工作记忆。

亲子、夫妻、情侣一起做饭，或者和朋友一起烧烤，大家共同完成做饭这件事情时，大脑会分泌多巴胺。这样所有人都会感到开心、幸福，而且还能通过做饭拉近关系。

很多人没有兴趣爱好，没有能让自己感到愉快的事，但是没有人不吃饭吧？在视频网站和菜谱网上可以免费看到很多烹饪方法和菜谱，所以**从现在开始，任何人都能开始尝试的兴趣和娱乐就是做饭**。

当然，给便利店里的盒饭加点儿料，或者只是自己做一道沙拉，也可以算是享受做饭的第一步。

玩的诀窍 **4**   通过一点儿挑战来创造快乐

不花钱

如果我呼吁大家要充分享受人生，一定会有人反驳说没有钱如何享受人生。享受人生为什么要花钱呢？我对此表示疑问。

大部分人对于享受的印象都是出国旅行、去高级餐厅吃饭等。其实会这样想是因为不知道怎么玩。**世界上不用花钱就能享受的事情其实非常多。**

当然，出国旅行和去高级餐厅吃饭这样隆重而特别、令人感动的享受是美好的经历，但是能够享受的机会不多。

也就是说，要想让人生过得更加丰富、幸福，与每年出国旅行一次相比，每天生活中的细微享受要重要得多。

那么，每天生活中的细微享受具体是指什么样的事情呢？下面介绍我的亲身经历，让大家可以感受到我生活中的小确幸。

【今天就可以开始的生活小确幸】①
豆苗花园

豆苗是豌豆的幼苗，炒着吃很美味，还可以放在沙拉里提味，是一种非常好用的蔬菜。价格也很便宜，蔬菜店或者超市里的豆苗很多只需要不到 100 日元。

吃掉豆苗的茎叶部分，把剩下的根和种子装进塑料容器中，放在能照到阳光的地方，浇水后就会长出茎叶，再次收获豆苗。

认真培育的话可以再收获三茬儿,买一次可以吃四次,非常划算。只凭这一点就能让喜欢划算事物的人感到开心吧。

我在办公室的阳台上种了豆苗,因为需要在办公室写作、拍摄视频,所以我每天或者两天就会看看豆苗。到办公室的第一件事,就是打开阳台的窗户一边换气一边给豆苗换水。如果是夏天,换水会让豆苗长得很快,两天就能长高 3 到 5 厘米。

"啊,长得这么高了!"这一件小事就会让我开心。就像关注孩子的成长会让人感到幸福一样,**关注植物的成长也会让人变得幸福**。只是做做园艺,也就是**培育植物,就能像养孩子和宠物一样,让大脑分泌催产素**。就像我多次提到的那样,催产素是"爱与羁绊的幸福物质"。

如果每天吃一点儿,就能不断得到收获,而且每天都能欣赏到豆苗。我喜欢的吃法是把豆苗放在沙拉里,或者代替大葱放在拉面和炒面等食物里当佐料。

豆苗富含维生素 C、维生素 A、叶酸以及维生素 B 族,可以称为"食用补剂"。

如果你实在太忙,只能吃泡面,那么加一些豆苗就能保证营养均衡,而且大幅提升泡面的卖相和口味。

人在吃到美味的食物时会分泌多巴胺;在带着爱意培育植物时会分泌催产素;健康且富含营养的食物还会让大脑释放血清素。**豆苗花**

作者在阳台种的豆苗

园满足了以上三种幸福，而且只需不到 100 日元，就能享受一个月。

随便种点儿啥

刚才举了豆苗的例子，其实，只要做园艺（培育植物）都会分泌催产素，所以无论种什么都可以。

薄荷、迷迭香、紫苏等香草可以用来做饭。比起在店里购买，当场摘下自己种植的香草，然后直接放入的香味要强烈好几倍，能够成为饭菜里很好的点缀。

我推荐做园艺时，一定会有人反驳，说自己经常出差在外，没办法照顾植物。**对于这些忙碌的人们来说，可以种点儿仙人掌什么的。**就算一周不浇水，仙人掌也不会枯萎，而且百元店里就有售，价格也很便宜。有的品种又小又可爱，还能开花。植物开花时会令人感动。

我母亲（独居时）在公寓的阳台上种了 100 多盆植物，打电话时她总会愉快地说："今天，牵牛花开了 30 朵哦！"我觉得这一定有利于预防孤独。

"豆苗思考"

我想传递给大家的不是"种豆苗会变得幸福"这种表面的事实。大部分人都会说没有钱就无法享受人生，没有钱就不快乐，其实这不过是给自己缺乏好奇心找的借口。

我想说的是：世界上有很多不需要花钱就能享受的事情，如果不主动积极地寻找，就不会轻易知道。 到现在为止，有没有朋友告诉过你种豆苗会变得幸福呢？

另外，就算听到"种豆苗会变得幸福"的说法，应该也会有很多人直接就断定做这种事情不可能变得幸福。这就是无法走出舒适圈的人的特点，总之先找借口，不愿意采取新的行动。

只要有 100 日元、水和每天换一次水的时间，就可以种豆苗了。我想多半不会有比种豆苗更便宜、简单、省力的方法，让大家走出舒适圈了。或许你对种豆苗会变得幸福这件事感到半信半疑，可是既然只需要 100 日元，总之先试试看吧，只要采取行动，**迈出小小的一步，也许就能改变你的人生。**

如果你能开始注意到有不需要花太多钱就能享受的事情，应该就可以凭借自己的力量发现第二个、第三个"便宜、轻松的娱乐方式"。从一株豆苗开始也能改变人生，这就是"豆苗思考"。

【今天就可以开始的生活小确幸】②
小奢侈，大提升

一点小小的奢侈可以为生活增加情趣，只要一点小小的奢侈就好。

听我这样说，有很多人会生气地说："我才没钱做奢侈的事！"说到奢侈，大家就会联想到"在米其林星级餐厅吃人均 3

万日元的晚餐"之类的事情。

其实做奢侈的事不需要 3 万日元，**有时只需 30 日元，就能做到相当奢侈的事**，这就是品质提升。

比如购买牛奶、鸡蛋、纳豆等日常生活中会用到的食材时，也许有很多人会什么都不想，直接把当天打折的、最便宜的产品放进购物车。

请大家在下次购买时，试着特意选择高一个档次的牛奶，或许要比最便宜的产品贵 30 日元，但是偶尔买来尝一尝，应该会品味出更好喝的味道。如果用 200 毫升的杯子喝牛奶，那么 1 升牛奶可以喝 5 次。要是每次喝的时候都会觉得比平时更好喝，那么 30 日元的额外投资就很划算。

每 1 杯只需要多花 6 日元，就能增加美味、增加多巴胺、增加幸福感。**只需要 6 日元就能买到"多巴胺（幸福）"，可以说，没有比它更便宜的东西了。**

还可以在几乎每天都要用到的鸡蛋上小小奢侈一次。前几天我在附近超市对比价格时发现，最便宜和最贵的鸡蛋竟然只差 80 日元。我试着买了店里最贵的鸡蛋，味道确实比最便宜的鸡蛋醇厚、有层次，而且好吃得多。每盒鸡蛋有 10 个，**所以在每个鸡蛋上只增加了 8 日元的投资，就能在每次吃鸡蛋时感受到比平时更多的幸福感。**这是多么划算的一次购物啊。

小奢侈交替

做一点小小的奢侈行为时必须注意的是**"不要持续太久"**。首先，多巴胺有成瘾效果，所以如果持续太久的话就容易养成习惯，想要更多。

其次，在连续吃3个月最贵的鸡蛋后，我们就会开始觉得这个味道是理所当然的，失去了最初的感动和感激。

另外，牛奶、鸡蛋、纳豆、肉、海鲜等所有食材要是全部增加30日元成本提升品质的话，每个月也是一笔不小的支出。

我推荐大家使用的方法是**"交替的小奢侈"**。

"周一提升牛奶的品质。"

"周二提升鸡蛋的品质。"

"周三提升纳豆的品质。"

"周四提升肉的品质。"

每次购物时像这样选择不同的食材提升品质。也就是说，购买了品质提升的鸡蛋后，下一次再提升鸡蛋品质就在一段时间之后了。

间隔一段时间后，多巴胺的成瘾效果就会消失，让我们得以再次感慨高级的鸡蛋就是好吃。

"今天我买了比平时高级的肉！"家人听了这样的话，情绪也会变得激动。不是每一次都那么奢侈，而是偶尔或者交替着做奢侈的事，我们就不会厌倦，能够半永久地享受美味的饭菜。

这一定能提升幸福程度。

【今天就可以开始的生活小确幸】③
增加配菜

要想简单地做一点儿奢侈的事，还可以在餐厅点餐时增加配菜。很少有拉面、荞麦面、乌冬面、咖喱等食物不能增加配菜。

大家试试看就会知道，**增加配菜能获得超乎想象的优越感和满足感。这是满足更多一层欲求的行为。**

因为"想要更多"的情绪与多巴胺有关，所以只要增加一点儿配菜就能让大脑获得满足，分泌多巴胺。增加一道小菜或者 50 日元、100 日元的配菜，就能分泌更多多巴胺提升满意度，这样算来，成本出乎意料的低。

可是增加配菜也会养成习惯，会导致多巴胺想要更多，满意度下降。**所以增加配菜时也要注意方式的变化，比如交替享受、增加特别的配菜等。**

前几天，我在参加一个 10 人派对时说在咖喱中加纳豆特别好吃，有两个人表示强烈赞同，剩下的 8 个人都表示从来没有在咖喱里加过纳豆。30 多年前我就知道，咖喱配纳豆味道不错，没想到竟然有这么多人不知道。

挑战自己从没吃过的配菜或者未知组合。 如果经常挑战，还能激活乙酰胆碱，激发创造性。

也可以在家里增加配菜，把自己喜欢的配菜食材保存在冰箱里。拉面店里加一份葱花需要 100 日元，但在蔬菜店里，100 日元能买到一整根大葱。而且在自己家里给拉面加葱花，想加多少加多少。多么奢侈啊!

每天要吃3顿饭,所以在吃饭上下功夫的话,每天就能有3次尝试的机会。增加配菜、加点儿料、改变味道……只需要做到这些,就能让每天的饮食生活变得愉快,提升幸福度。

"配菜思考"

我想告诉大家的不是"在咖喱中加纳豆会变幸福"这种小事情,而是想让大家知道类似"增加配菜"这种方法的思考方式。**既然只需要加一点点钱,就能得到双倍的满意度,那么就应该毫不犹豫地增加配菜(进行额外投资)。**

假设你去杂志拉面排行榜第一名的店里吃饭,坐一个小时车来到店里,再排一个小时的队吃上面。你会点哪一种?普通拉面(800日元),还是满配拉面(1200日元)?

我只花0.1秒就会选择满配,可是有不少人为了节省400日元而选择普通拉面。算上往返两个小时加上排队一小时,这是花三个小时时间和1000日元往返车费才能吃到的拉面,而且因为离家远,所以很可能不会再来。

既然如此,如果不尝尝名店里招牌的叉烧和调味鸡蛋,不是很可惜吗?我认为**既然特意来了排长队的特色饭店,那么多花400日元吃一碗招牌拉面,享受**

最好的体验，才能够获得 10 倍的快乐。

美术馆的语音导览同样如此。很多人认为已经花了 1500 日元门票，再花 500 日元买语音导览服务划不来。可是**只需要多花 500 日元，就能掌握美术鉴赏的窍门，获得双倍感动**。这样一想，其实 500 日元的额外投资很便宜。

另外，我去国外旅行时经常看到在麦当劳里排队的日本人。**既然已经在机票和酒店上花了 15 万日元来到国外，为什么要吃在日本随处就能吃到的汉堡呢？我不理解。**

如果在国外旅行 4 天，那么最多能吃 12 顿饭。我会感觉只要其中一顿吃了麦当劳，就等于损失了 12500 日元（用 15 万除以 12 顿饭得来），因为吃什么是出国旅行时的一项重要体验。

举例来说，如果要在美国吃汉堡，我会选择烤肉店或者酒吧里的高级汉堡。那些店里会用整块肉做肉饼，这样做出来的高级汉堡好吃到让人说不出话来。

在日本也能吃到的麦当劳套餐要花 1000 日元（国外比日本贵一些），在日本吃不到的超好吃高级汉堡要 2500 日元，在这两种汉堡中，我会毫不犹豫地选择高级汉堡。

说到这些，或许会有人反驳："旅费已经花了 15 万日元，所以没钱。你是有钱人，不懂普通百姓的心情。"

可即使是没钱却想吃汉堡的话，我也会毫不犹豫选择新店。仔细观察就会发现，在国内，有的麦当劳对面就有高级汉堡店，价格几乎相同，但依然有很多日本人会选择麦当劳。

也就是说，在国外旅游也吃麦当劳的人只是把没钱当成借口,**实际上不过是缺乏好奇心,没有勇气挑战新事物而已。**相当多的人为了掩盖这些问题而以没钱为借口。

我已经在第 2 章中讲过玩乐中的好奇心和挑战的重要性。真正拥有好奇心、敢于挑战的人,能够毫不犹豫地享受增加配菜和品质提升的乐趣,提高对每一顿饭的满意度,提高对每一天的满意度,在 365 天里积累小确幸,过上快乐的人生、幸福的人生。

玩的诀窍 5　利用社群，战胜孤独

社交

日本有超过三分之一的人在独居

日本的老龄化越来越严重，独居老人在不断增加。另外由于晚婚程度越来越高，其他年龄层的独居家庭比例达到了36%（2020年），也就是说，每三个家庭中就有一个独居家庭。今后，这个比例会继续增加，据说到2040年，独居家庭的比例将达到约40%。

随着晚婚化的加剧和未婚率的增加，独居的人也越来越多。2020年，男性的终身未婚率为25.7%，女性为16.4%。也就是说，每4个男性中有一个人、每6个女性中有一个人一辈子单身。

今后，独居人群必然会继续增加，孤独将成为严重的社会问题。

美国哈佛大学的研究显示，**与拥有复杂社会关系网络的人相比，在社会中处于孤立状态的男性死亡率会增加2.3倍，女性增加2.8倍。**

另外，美国杨百翰大学针对超过30万人进行调查，做了148项研究后发现，有社会关系的人与没有社会关系的人相比，早期死亡风险会降低50%。

孤独对身心有害

孤独

死亡率高
- 在社会上处于孤立状态的人比非孤立状态的人死亡率高

对健康有害
- 孤独造成的死亡率和大量吸烟者（每天15根）相同，同时孤独对健康的伤害是酗酒者的2倍，是缺乏运动和肥胖者的3倍。

对心理健康的负面影响
- 患阿尔茨海默病的风险增加2.1倍
- 患抑郁症的风险增加2.7倍
- 出现自杀想法的可能性增加3.9倍

孤独造成的死亡率和大量吸烟者（每天15根）相同，同时孤独对健康的伤害是酗酒者的2倍，是缺乏运动和肥胖者的3倍。

另外，孤独的人与不孤独的人相比，患阿尔茨海默病的风险增加2.1倍，患抑郁症的风险增加2.7倍，出现自杀想法的可能性增加3.9倍，对心理健康有很严重的负面影响。

预防孤独的方法

孤独不仅仅是寂寞、精神痛苦，还会增加身体疾病、心理疾病的发病率，提高死亡率。也就是说，孤独对健康的危害很大。

那么，我们应该如何应对孤独？或者如何预防孤独呢？**我想只能靠社群。**

以前,人们可以和邻居相处,通过地方社群彼此支持。在以兄弟姐妹众多的大家庭为主流的时代,人们有很多亲戚,所以还可以从与亲戚的交往中获得支持。

随着时代的发展,家庭的规模越来越小,在城市里,与邻居和亲戚的交往几乎已经消失。就算有,我认为也不再像以前那么亲密,而是互不干涉的有距离的关系。

交朋友吧!和朋友更多地交流吧!说到这些,就会有人反驳说"我几乎没有亲密的朋友""交朋友太累""我想交朋友,可是交不到"。

有几个亲密的朋友,可以和他们进行温暖的交流,自然是面对孤独最好的应对方式,但是很多人做不到这一点。

那么该如何是好呢?既然难以创造个人层面的联结,就只能归属于某个社群,与其他人产生联系了。虽然统称社群,但其实社群也有各种各样的形式,根据我的观察几乎所有人都觉得与地方社群和亲戚打交道很麻烦。

既然如此,**某种以玩乐为目的的社群,也就是兴趣小组、同好会等就能成为解决办法。**加入一个兴趣小组,可以轻易与他人产生联系,还可以在那里找到兴趣相投的朋友,发展成挚友。

以玩乐为目的的社群与职场社群、地区社群不同,进出相当自由,只要想离开随时都能离开。这种轻松感是精神上的轻松,不容易造成压力。

以玩为目的的社群千差万别

以玩或者学习为目的的社群包括所有兴趣小组、同好会、运动社群、学习会、读书会、朝活会[①]、线上沙龙、学校、文化中心等。就连"跨行业交流会"这种每个月举办的工作性质的活动，只要你持续去参加，也能和其他参与者建立联系，活动已经在实质上社群化。

另外，和附近居酒屋、酒吧的常客们成为"常客伙伴"，关系变好的情况也很多，能很容易发展到大家一起去烧烤，一起旅行的程度。这也可以说是以玩为目的的优秀社群。

去文化中心，或者参加某个讲座时也一样。有很多学生和讲师一起参加的联谊会、交流会、年会等各种活动，可以借此拉近参加讲座的人之间，或者讲师与参加者之间的关系。这也可以说是某种社群。

对现实中的社群感到疲惫的人，还可以选择最近流行的线上社群。虽然成员基本只在线上联系，不过因为每天都在线上交流，也会逐渐变得亲密。慢慢地，就会走到线下聚会的程度。经常有人从这样的线上联系发展到在真实生活中产生联系。

你只需要参加以玩乐或者学习为目的的社群，就能轻松地和多人产生联系。

享受每天的兴趣活动，进一步享受与人的联结和交流，享受发现、察觉、自我成长的快乐。 我们可以从社群中得到很多好处。

---

① 译注：在早晨，利用上班之前的时间进行学习、趣味活动等。

能带来治愈的社群

线上社群 **(有部分线下活动)**	● 线上沙龙 ● 线上兴趣小组、同好会 ● 脸书等社交软件的群组 ● 粉丝俱乐部（艺术家、艺人）
基于场所的联系	● 店里的伙伴（居酒屋、酒吧等） ● 健身房的伙伴（健身伙伴） ● 运动伙伴（一起玩业余棒球、室内足球的伙伴） △ 妈妈群（孩子同学的母亲） △ 地区团体（居委会、自治会、PTA[①]） ● 同学会、同窗会（曾经一同学习的伙伴） ● 志愿者团体等
活动型（通过连续 **参加完成社群化）**	● 朝活会、读书会、学习会、跨行业交流会、 在社交派对和活动上认识的伙伴（演唱会等）
因为"目的" **产生联系**	【学校、学习】 ● 讲座听众之间的联系 ● 文化中心的学习班 ● （市区街村）的学习班 ● 各种学习班（红酒学校、烹饪班等） ● 学校（考证学习班、语言学校、半日学习班、成人大学） 【治疗】 ● 治疗小组、患者会

△可能会产生联系和义务，难以带来治愈效果，需要格外注意

---

① 译注：PTA（Parent-Teacher Association），家长教师协会。

人们在社群中关系容易更亲近

社群最大的好处在于成员的关系容易更亲近。

为什么关系容易更亲近呢？首先**是因为成员们有共同话题**。在电影小组里，当然会聚集喜欢电影的人，可以凭借电影这个共同话题轻松炒热气氛。就算是不擅长交流的人，在提到自己的兴趣时也能够侃侃而谈，或者自在地加入讨论。

另外，在社群中容易产生"暴露效应"，暴露效应就是"单因接触效应"——**随着接触次数（实际见面的次数）增加，亲密度越来越高。**

几乎所有线下社群都会至少每月举办一次例行聚会。如果是兴趣班、学习会，那么参与者可能每周都会见一次甚至几次面。

相同的人见过几次后，就会触发心理学上的单因接触效应，关系自然而然地变好。

轻松扩大舒适圈

对于不擅长交流的人来说，交朋友非常困难。可是在兴趣小组里，能自然而然地一边享受感兴趣的事情一边加强人际关系。只要加入兴趣小组，就能瞬间与素未谋面的5个人、10个人产生联系。

交往以前从没见过的人，与他们产生联系、加深关系，换句话说就是**走出舒适圈**，你的"世界"将变得更加广阔。

和完全不同行业的人聊天时，会产生强烈的新鲜感，而且能够体会到各种各样的事情，获得各种各样的发现。也有人认为走出舒适圈的难度很高，是一件很不容易的事情，**其实只需要加入兴趣小组，就能走出舒适圈。**

没有利害关系的自由

很多人参加的聚餐大多是职场聚餐，比如下班后的聚餐、欢送会、迎新会、年会等。下班后喝一杯当然很开心，可是，话题自然容易集中在工作和职场上面。

也就是说，**和同事一起聚餐无法脱离"工作模式"。**如果有领导和前辈在，还会产生一定程度的紧张感，不能说错话，没法自在、放松地喝酒，而且还有些话绝对不能对同事说。

下午5点以后的时间应该是放松的时间，可是**职场上的聚餐却一半紧张一半放松。**也就是说，这样的聚餐没办法真正成为放松的时间。

人们常说以酒会友，我认为通过喝酒敞开心扉、加深交流，让职场上的人际关系更加和睦是一件非常好的事情。但如果都是参加工作聚餐，人仍会感到疲惫。

和公司内部的"兴趣小组"不同，随便选择一个以玩乐为目的的普通社群时，成员应该几乎都是你不认识的人。**当我们身处与公司完全没有关系的人群中时，不需要带着特别的顾虑。**大家关系平等，可以自由地享受交流和聊天。

我把这种关系叫作"**没有利害关系的自由关系**"。兴趣小组只需要在感兴趣的时候参加，下次不参加也没关系。没有人能责怪你，因为你们之间不存在利害关系。公司的聚餐就做不到这一点。

社群人际关系、人与人之间的连接是和公司完全不同的，在这里不需要带着奇怪的顾虑和紧张。**也就是说，在这里可以得到真正由连接带来的治愈（催产素）。**尽管"随时可以离开"这种说法听起来有几分寂寞，但是也有些话正是因为不存在利害关系才能说出口。

在社群中可以学到一切

为我为例，我上高中时加入了"星球大战粉丝俱乐部"，上大学时加入了电影社群"电影迷"等。我因为加入这些团体学到了很多，比如练习了将自己的想法通过书写和说话来输出。

"电影迷"的成员中从高中生到80岁，各种年纪、各行各业的人都有，于是我学到了就算看同一部电影，也会有多种多样的观点和思考方式。

在学校和职场中，我不可能和比自己大30岁、40岁，也就是比父亲还要年长的人们站在平等的位置上坦率地交换意见。

上高中时我是个不擅长交流的电影"宅男"，通过参加影迷社群，我发现了写文章的乐趣，以及对别人讲述自己的意见时的乐趣。

毫无疑问，现在我在与人交流时变得更加开放、更加积极。毫不夸张地说，**"所有重要的东西都是我从社群中学到的"**。

大家都知道，一个人通过读书、看视频学习的方式是学习的基础，是重要的技能。可是向已经比自己学过更多知识的人，比如前辈、同伴们学习的话，效率会成倍提高，成长速度也会加快好几倍。**加入以玩乐和兴趣为目的的社团，可以在娱乐的同时实现自我成长。**所以没有理由不利用这样的方式吧。

加入什么样的社群比较好？

在网上搜索就会发现，一切你能想到的兴趣小组全都存在。我希望大家一定要鼓起勇气踏出这第一步。

可以先参加文化中心的讲座。**如果你不擅长与人交流，也可以专心学习、听讲。**如果感到开心就可以继续，如果氛围不好就换新的讲座参加。有的讲座第一次可以免费试听，所以能够无风险地先体验氛围。

顺带一提，我在12年前比现在胖十几公斤，因为家附近没有健身房，所以我每周会去文化中心上一次健身操。内容与普通健身房的课程一样，每隔三个月更新一次，所以可以随时开始、随时放弃，非常轻松。

我在45岁之后才第一次体验了文化中心。在这里，健身操课堂的氛围很友好，去其他城市出差的同班学员会带回当地的特产，和大家一起品尝。在这里我可以愉快地锻炼身体。

加入社群时，氛围和成员非常重要。大家要充分利用免费参加的试听机会，总之先试试看，参加一下。虽然踏出第一步时可能会不安，但大多数情况下，前方都会有一个愉快的世界在等你。

大家一起去美术馆吧！

所有人体验过同一件事情后，在分享会上分享感想，我认为这是最好的玩乐之一。

我和桦泽紫苑官方粉丝俱乐部的成员，一起举办过"和桦泽一起去美术馆"（超过 10 次）、"和桦泽一起看电影"（超过 30 次）的活动。

去美术馆的活动尤其火爆。很多人希望能按照自己的节奏参观美术展，所以进入美术馆后会各自鉴赏，结束时在出口集合。最后大家还会一起去居酒屋举办分享会。

每次参与人数约为 15~20 人，每一名参与者都会讲述自己看美术展的感想（输出），所有人都会输出个性十足的不同意见和观点。

日语中有十人十色[①]的说法，如果有 10 个人，那么 10 个人都会说出完全不同的感想，不同的感想会表现出每个人的性格，非常有意思。这种输出使**大家能够重新发现能让观者产生不同看法和视角的美术品的出色之处**。用解说的说法有些自不量力，不过我会在最后讲述 20 分钟左右自己作为"神经科医生的观点"。

很多第一次参加的人说话磕磕绊绊，但是到了第 2 次、第 3 次，他们的输出能力就会有跨越式的提升，变得能说会道。而且

---

① 译注：指每个人的性格、思想、爱好各不相同。

其他人也会夸赞:"你刚才那番话很有意思,原来还有这种看法啊。"说话的人就会非常开心。

在他人面前顺利地发言,可以让人们建立强大的自信,并且大幅提升自我肯定的感觉。在职场上发言、提出方案时,要承担很多责任和压力,容易紧张,所以很难顺利完成。而在玩乐的环境下,大家更能轻松地挑战在他人面前发言,并且得到令人愉快的反馈。

美术馆很有趣!而且输出很愉快!因为所有参与者都有同样的体验,所以在发言后的聚会上,大家能够聊得很热闹。**参与者之间拉近了关系。**

美术鉴赏可以锻炼感性,很适合锻炼创造性。

另外,将艺术这种难以用语言形容的内容表述出来非常困难。正因为如此,**用语言说出自己对艺术的感想和意见,是最厉害的语言表达锻炼,也是最厉害的脑部锻炼。**

一个人欣赏美术作品也有独特的乐趣,能够投入到自己的世界中,但和大家一起去美术馆,可以听到自己想不到的意见,获得 10 倍的发现和 10 倍的自我成长。

2019 年 5 月,作者和"桦泽补习班"的成员一起
(东京都美术馆)

就算不是美术鉴赏，参加电影鉴赏、戏剧鉴赏、看体育比赛都没有问题。人数越多，分享会越热闹。当然只是和三四个朋友一起去也可以。

与电影、演唱会这样的流行娱乐相比，美术、歌剧、芭蕾舞、歌舞伎等艺术形式对外行来说不容易理解，能够获得更多的发现。只要有一个向导（了解这门艺术的人），就能为你打开未知世界的大门。

找另一半，社群活动比相亲更有用

我要告诉大家以玩乐为目的的社群的另一个巨大优势。

如上文所述，每4个男性、6个女性中就有一个人一辈子单身。我的朋友、熟人中也有几个到了四十多岁依然单身的人（男性、女性）。和他们聊天时，几乎每个人都说如果有合适的人就会想要交往，但是却遇不到。

他们工作忙碌，公司和家两点一线。如果公司里没有心仪的人，就很难发生新的邂逅。所以我建议，**要是现在的舒适圈中没有心仪的人，就踏出舒适圈吧。**

如果你像童话故事里的灰姑娘那样，认为总有一天会有出色的王子主动来迎接自己，请再读一遍。灰姑娘自己首先主动参加舞会，在那里遇到了王子，然后王子才以灰姑娘的水晶鞋作为线索寻找她，找到后向她求婚。

《灰姑娘》讲的并不是只要继续等待，总有一天，出色的王子会来迎接自己的故事。**"只有踏出舒适圈才会发生新的邂逅"**，这才是《灰姑娘》真正想教给我们的事情。

在"玩"的社群中看到对方的"素颜"

要想找对象,可以通过"相亲局""相亲网站""约会软件"等。确实有人通过这些渠道相识并结婚,但我并不推荐。

因为以结婚为目的见面意味着展示自己的优点、隐藏自己的缺点。如果对方知道了自己的缺点、短处和性格恶劣的一面,就会降低顺利交往、结婚的概率,因此大家当然会想要隐藏,尽量不让对方知道。

也就是说,**如果一开始就以结婚为前提见面,那么双方看到的就是"全副武装"的对象。** 用"完美"的铠甲、头盔、盾牌保护自己的短处,奋力挥舞锋利的剑(自己的长处)……

我建议想找对象的人与其选择相亲,不如去参加社群活动。

大家来参加以玩乐为目的的社群都是为了开心,不需要像在职场那样勉强自己配合对方,不需要过分忍耐,刻意保留自己的意见。因为不是以结婚为目的,所以也不需要逼迫自己隐藏缺点。

假设你开始上烹饪课。第一次上课时,坐桌的女孩 A 会和你闲聊:"我不擅长做饭,总是把锅烧干什么的。"可是如果你和女孩 A 初次见面是在相亲会上,她会说自己不擅长做饭吗?绝对不会,也许是因为不擅长做饭在结婚时属于不利条件。

不过此时的你可能反而会认为坦率地承认自己不擅长做饭的

女孩 A 是个真诚的人，把锅烧干这种冒冒失失的事情也挺可爱。

在相亲活动中，大家会全副武装地观察对方，强调自己的长处，一个劲儿地隐藏缺点。当然，我也听说过很多在相亲活动中遇到理想的对象，走进幸福婚姻的故事，但我认为这种事情并不容易。

兴趣小组是工作结束后能够松一口气的地方。和公司不同，这里不需要掩饰自己，可以展现真实的自己，**是真实者和真实者的交流。在这里容易自然而然地交到朋友，也容易向对方敞开心扉。** 从结果上来看，应该说遇到心仪对象的机会也更多。另外，没有谈过恋爱的人常说"和异性说话时会紧张"。社群中当然有很多异性，**所以参加社群也能锻炼与异性交流的能力。**

综上所述，如果想找对象，那么比起相亲，我更推荐社群活动。

玩的诀窍 **6** 既要玩,又要避免过度依赖

控制力

上瘾并非事不关己

提到上瘾,很多人会觉得和自己没有关系吧。2014年,日本厚生省[①]第一次对上瘾者进行调查后,发表了以下结果:

- 酒精上瘾的人:109万人(1%)
- 赌博上瘾的人:536万人(4.8%)
- 有IT(Internet Technology 互联网技术)上瘾倾向的人:421万人(4.0%)

2018年,另一项研究测算了中学生里可能染上网瘾的人数,结果达到了93万人,这四个数字加起来一共有1159万人。

另外,上瘾还包括药物上瘾、购物上瘾、游戏上瘾(游戏障碍)等,购物上瘾和游戏上瘾都是最近出现的概念,所以暂时还没有大规模调查数据。

上述数值毕竟是推算,但也可以认为其中已经较全面地涵盖了有上瘾倾向的人,如果要下一个大概的结论,那么可以说,**每10个日本人中就有一个人对某种事物上瘾或者有上瘾倾向**。就算你觉得自己没事,你身边也有可能有人陷入手机或者游戏不能自拔。

---

① 注:日本负责医疗卫生和社会保障的主要部门。

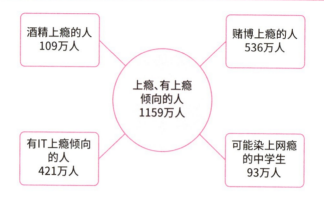

巧克力实验告诉我们的事

我在这本书里多次介绍了"多巴胺带来的幸福容易退化"。那么为了不让多巴胺带来的幸福退化,该如何细水长流地享受快乐呢?

有限制是好事。

加拿大不列颠哥伦比亚大学的伊丽莎白·丹博士做过一项研究。让A、B两组人连续吃一个星期巧克力,然后在下一周禁止A组吃巧克力,让B组继续尽情享用巧克力。

一周后,重新让两组人再吃一次巧克力,调查他们的愉悦程度。在上一周尽情享用过巧克力的B组成员吃巧克力时的愉悦程度明显比第一周低,而上一周被禁止吃巧克力的A组成员比第一周更开心。

如果每天吃,巧克力带来的快乐感觉就会不断退化,而通过设定进食时期等限制,可以恢复我们感受愉悦的能力,提高幸福度和满意度。

如何面对容易上瘾的事物①
避免手机上瘾

不要每天吃，隔一段时间后再吃巧克力，就能重拾多巴胺带来的快乐。这就是说，**手机和游戏这种容易上瘾的娱乐可以通过限制时间、不要每天玩等方法，防止欲望逐渐升级，从而预防上瘾。**

喝酒的人应该都知道有"休肝日"的说法，是指滴酒不沾，让肝脏休息的日子。每周保证两天以上休肝日的人更不容易对酒精上瘾。

由于所有事物的上瘾机制都是共通的，所以对于其他容易上瘾的事物，同样可以设定每周两天的休息时间，比如"不玩游戏的日子""不玩手机的日子"。

可能每周两天完全不用手机非常困难，这种情况下，可以设定**"增加不用手机的时间"**。

比如泡澡的时间不拿手机，就可以在30~60分钟里摆脱手机。早上空着手去散步，就能在30分钟里摆脱手机；在健身房锻炼时把手机锁在储物柜里，就能在1~2个小时里摆脱手机；工作时把手机放回包里，集中精力工作，只在休息时间使用，就能在相当长的时间里摆脱手机。

如果连这一点也做不到，还有一个方法叫"20秒规则"，**将手机放在需要花20秒以上才能拿到的位置。**

大部分人会把手机放在胸前或者屁股后面的口袋里，因为拿取很方便，所以总是在看手机。

举例来说，**在家时可以设定一个规则，"把手机放在玄关处""只在玄关处看手机"**。那么在看电视时如果想看手机，就必须暂停后走到玄关处，看完后再回到客厅。

这样会让大家会觉得真的很麻烦，可是**制造麻烦的情境可以有效预防上瘾。**

如果希望孩子改善手机上瘾的问题，就必须设定严格的规则，比如"在学习时把手机交给父母保管"或者"吃饭时不碰手机"。

科学研究已经证明**只要把手机放在桌子上，专注力就会下降，工作和学习的效率也会下降，**不仅如此，只要房间里有手机，人们的专注力就会下降。

只有在工作和学习时把手机放在拿不到（或者需要花超过20秒才能拿到）的地方，才能避免因为专注力分散导致的工作效率下降或成绩下降。

玩游戏同理。**只要房间里放着游戏机，专注力就会下降。**所以最好能制定规则，比如"把游戏机放在客厅""只能在客厅里玩游戏"。

最好不要让孩子碰手机的原因

该不该让孩子碰手机？这是人们经常会问的问题。

从结论来说，**孩子的大脑有容易沉迷的特点。**以男孩子为例，他们很容易沉迷于汽车、恐龙和昆虫，也容易沉迷于手机（平板电脑）和游戏等。如果将孩子的易沉迷性引导到好奇心和学习的方向还好，但是从脑科学的角度来说，他们上瘾的危险性很高，所以需要注意。

上瘾会导致大脑的多巴胺回路，也就是奖赏系统，失去控制。为了避免失控，平时大脑用缰绳控制我们的行为，用专业词汇来说，缰绳就是前额叶的"抑制性神经元"。但是孩子的大脑神经系统还在发育中，所以"抑制性神经元"尚未发育完全。买玩具的柜台边经常能看到孩子哭喊着要买玩具的情景，**这正是因为孩子的抑制性神经元没有发育完全，所以忍耐力较低。**我从来没有看见过成年人一直哭喊着要买什么东西。

从脑科学的角度来说，孩子不擅长忍耐。如果让孩子接触到游戏、手机这种过于有趣的东西，他们就会忍不住深陷其中。

为了避免上瘾，限制必不可少。只要将玩游戏和使用手机的时间限制在每天两个小时，应该就没问题了。**为了防止奖赏系统**

失控，必须定规矩（限制）。 希望大家和孩子一起定好规矩，在限制范围内使用手机和游戏机。

如何面对容易上瘾的事物②
避免饮酒上瘾

每当我问别人"玩"和"解压"的方式时，很多人都会回答"喝酒""聚餐"等。虽然我也很喜欢喝酒，但**非常不推荐以醉酒的方式"解压"。也就是说，绝对不能为"解压"而去喝酒。**

究其原因，就是因为如果为了"解压"而一个劲地喝酒，不仅无法消除压力，反而会使你成为一个酒鬼。

根据我在推特上公布的数据可以发现，就"喝酒对于释放压力而言是否是必要的"这一问题，支持的人占比 29.3%，反对的人则占比 70.7%。由此可见，大约每三个人中就有一个人会为了缓解压力而饮酒。

假设你正为职场的人际关系而苦恼，于是和朋友喝了很多酒，一起痛骂讨厌的上司。那么这之后压力是否消除了呢？第二天就能忘记与上司的不愉快，笑脸迎接工作了吗？绝对不可能。

大约每三个人中就有一个人会为了解压而去喝酒

● 喝酒对于释放压力而言是否是必要的？

（回答数：758票）

是	29.3%
否	70.7%

来源：作者推特

的确，几杯酒下肚，驱散了几分阴郁的心绪。但你是否注意到，"来自职场的人际关系压力"实则并未消减。

为了"解压"而喝酒的人，如果几天后又与上司起了冲突，肯定又会去喝酒。一周五天都与上司起冲突，那么一周就得喝五次酒。这样下去**可能酒量会增加，但"解压"的效果会不断减弱**，因为多巴胺会产生"耐受效应"。

根据脑科学研究，喝酒会增加压力

从脑科学角度来说，喝酒显然对消除压力毫无帮助。因为持续且长期地饮酒，皮质醇不仅不会减少，反而会增加。

此外，由于持续性饮酒，抗压能力也会变弱。**持续性饮酒会降低睡眠质量、导致睡眠障碍**。睡眠障碍会使你的情感和心情变得不稳定，变得越来越没有耐心，暴躁易怒。也就是说，在这种情况下，你工作上的失误会越来越多，与上司的冲突也会更加频繁。

持续性饮酒会增加"抑郁症"的病发风险。已经处于"抑郁"状态的人，情况也会进一步恶化。此外，持续地酗酒会大幅增加自杀风险。事实上，自杀未遂者中约有四成检测出了酒精依赖。

为了"解压"而喝酒不仅不会缓解压力，反而会导致心理状态恶化，提高抑郁症和自杀的风险，百害而无一利。

不仅是喝酒，也不要为了缓解压力而去"赌博""购物""玩手机""玩游戏"。因为这些易成瘾的娱乐，本质上并不能缓解压力,只会"拖延解决问题",让嗜癖行为越来越多,最终令人成瘾。

喝酒是为了享受

也有人会问我,"你不也喜欢喝酒吗?"是的,我非常喜欢。

酒,不是在痛苦、伤心的时候喝的,而是为了"享受"而喝的。

家有喜事,或是事业取得成就,举杯欢庆之时,所有人脸上都洋溢着笑容。有时也可以与"重要的朋友""相恋的爱人"一起,边喝酒边聊聊自己的心里话。酒,是交流的润滑剂。与重要的人一道,一边享受"美食",一边品鉴"美酒"。这无疑是最好的消磨时间方式。

患有酒精依赖症的人的喝酒方式一般有如下特征:"一个人喝""光喝酒(不享受美食)""大量饮用廉价酒(无法评鉴酒的美味)"。

此外，与"享受"喝酒的人相反，陷入"边说别人坏话边喝""即使烂醉如泥了也继续喝""明明不想喝却不得不喝"等境地的人，也已经是酒精依赖症的预备役了。

控制喝酒的方法

想要健康地、永远享受喝酒的人，应该在一定程度的限制下享受。具体例子如下。

①一周两天"休肝日"

为了健康，一周中必须有两天不能饮酒。每天喝酒的话，饮酒量会增加，不仅消耗肝脏和胰脏，还会增加患酒精依赖症的风险。

②罐装啤酒最多两听（限制饮酒量）

虽然都说要"限制饮酒量"，但是多巴胺总会作祟，引诱人想喝更多，所以很难"限制饮酒量"。但正是如此，如果能够限制住自己的饮酒量，那么这就可以说是一种健康的饮酒方式了。

③契机饮酒

如果把饮酒限定为"契机饮酒"（只在有契机的时候喝酒）的话，可以防止形成每天都在家喝点的"习惯性饮酒"。这是一条很好的限制喝酒的规则。

④ 不独饮

如果和别人一起喝酒，就可以减少喝得酩酊大醉的概率。在家小酌时，以增进夫妻交流为目的而饮酒也是个不错的选择。与人一起喝酒，由于更能发挥催产素增强幸福感的效果，所以不用喝很多酒就能感受到快乐。

⑤ 只喝到十点（限制时间）

通过限制时间可以防止拖拖拉拉喝到很晚，越喝越多。因为无论是大量地饮酒，还是长时间地饮酒，对酒的"满足度"只会下降。定个时间范围，好好地享受才是良策。

⑥ 酒局最多开到第二趴／去喝酒一定要坐末班车回家

这条既限定场合，也限定时间和饮酒量。如果喝到深夜一定会导致睡眠不足，并且容易养成"喝到深夜坐出租车回家"的陋习，所以请务必注意。

让喝酒的快乐成倍增加的方法

正如前文提到的"巧克力实验"表明的，每天喝美酒、吃美食的话，因为"难能可贵"而得到的"幸福感"（多巴胺分泌）就会急剧下降。

饮酒只是为了"醉"而不多加品尝，是对"酒"本身和"酒"的生产者的不尊重。要从心底感到"啊，真好喝！""居然能酿出如此美酒，太感谢酿酒之人了"，才是好的饮酒感受。

不仅是对酒,还有对食物、饮料的感谢,对生产者的感谢等等,一边感受这些一边品味,就会让催产素效应的效果更上一层楼。对这份"美味"与"幸福感"的好感不会膨胀,不会变为厌烦,也不会减少,这才是长乐之道。

如何面对容易上瘾的事物③
享受视频而不过分沉迷

当疫情袭来,多家视频平台都推出了免费观看服务,因此许多人沉迷于在家里看电影、电视剧和动画。

2021年9月发布的韩剧《鱿鱼游戏》,在短短一个月内被全球1.42亿家庭观看。这同时也显示了电影院复兴之难,在家里看电影和电视剧正在成为全世界人们的习惯。

免费视频网站的最大缺点就是"太有意思了"。热度越高的视频往往也更为有趣,许多人追看热门剧集,甚至花五六个小时一口气看完。

这在节假日还好,但如果在工作日的晚上开始追一部新剧,最后可能会看至凌晨两三点,于是越来越多的人第二天就这么睡眠不足地去上班了。

我喜欢看电影、电视剧和动画片,它们对我来说,是一种极为重要的"生活趣味"。然而,如果因为它们导致睡眠不足,大大降低工作效率,那就会成为"不良娱乐"。如果这样的生活方式成为日常,无疑会对健康造成极大的损害。

美国密歇根大学的一项研究，以超过 420 名年龄在 18~25 岁之间的人为对象，进行了关于"睡眠质量""疲劳感""一口气看完的习惯"等方面的问卷调查。

结果显示，**超过 80% 的受访者在过去一个月内曾有过"一口气看完"的经历**。其中，40% 的人有过一次这样的经历，28% 的人有过数次，14% 的人每周都会有几次，甚至还有 7% 的人在这期间几乎每天都有"一口气看完"的经历。

那些"一口气看完"频率越高的人，出现失眠、睡眠质量差和日间疲惫的概率越高。

"一口气看完"剧集显然对睡眠和健康产生了极大的负面影响。事实上，大约 7% 的人有"视频依赖症"，几乎每天都在狂刷视频。

再有趣的视频也必须"限制"

如何避免成为视频成瘾者？

打破多巴胺依赖的唯一方法就是"限制"。对待成瘾性娱乐的最佳方法就是"限制"。但具体限制什么，又如何限制呢？或者说，要怎样决定限制目标并加以实施呢？

设定一个"无法实现的目标"是没有意义的。我们以"看视频"为例，来告诉你如何在不上瘾的情况下享受它们，以及如何设定好"限制"。

限制法 1
享受规定时间和数量的视频

这意味着我们要制定并坚持一套规则,比如"每天看视频不超过两小时""每天看视频数量限制为三个""到了凌晨 1 点就必须停止看视频并马上睡觉"。只要你能坚持这些规则,上瘾的风险就很低。

无论你能不能坚持,如果不首先制定"自己的规则",肯定会漫无目的地连续看几个小时。

就我而言,我制定了以下规则:"每天看最多两集 60 分钟左右的电视剧,30 分钟左右的动画片则不能超过四集""到了凌晨 1 点就必须停止看视频并马上睡觉"。

限制法 2
如果已经很晚了,就不要打开视频

电视剧会让人上瘾,而且大脑会因为大量的有趣内容而产生亢奋,也就是说,会让人睡不着。即使你遵循"到了凌晨 1 点就必须停止看视频并马上睡觉"这一条规则,但如果刚看完电视剧,就算你已经上床躺下,也无法立即入睡。

古人云,"君子不立危墙之下"。如果你在晚上 11 点之后打开手机,请千万不要看连续剧。因为此时很容易产生惯性,可能一不留神就看到凌晨两三点了。

限制法 3
与家人一起观看并分享

夫妻一起观看，与父母和孩子一起观看。这样一来，你就很难一口气连看几部电影直到午夜。如果和孩子一起看，你肯定会在适当的时候暂停，然后说，"剩下的我们明天再看"。

另外，看完电影后，一家人一起聊聊感想，互相分享之后再去看下一部影片。短暂的休息会让激动的心情稍稍平静下来，更容易在中途停下来。看完一部影片后一定要分享。

不仅享受戏剧本身，同时也享受与家人交流的乐趣。然后你会意识到，60分钟的电视剧的话，每天看两集就够了。

不仅如此，这样一来，如果你没有跟家里人约好，就不能看下一集，这其实也是一个很好的"限制"。**从脑科学的角度来看，与大家一起观看会释放催产素，抑制依赖性。**

限制法 4
在限定时间内享受

由于视频服务是按月收费的，因此有可能做到"下个月就不看了"。"免费观看视频"很容易让人上瘾，形成了"每天看"的习惯。你可能并不是真的想看，但却会因为这些视频免费，或排在排行榜前列而习惯性地看下去。这种情况持续下去，会让你陷入"无法停止"的"沼泽"。

电视也是如此，但**如果制定一个规则，"无论如何都只看真正**

想看的视频",就可以防止这种习惯变成上瘾和依赖。"不知不觉间开始看没那么想看的视频,而且还停不下来",当出现这种情况时,就离上瘾不远了。酒瘾也是如此,"也没觉得酒有多好喝,但就是习惯性地这么继续喝下去了"。

只看喜欢的、想看的视频,只做真正开心的事情,在限定时间内好好享受。

限制法 5
一边运动一边看——运动视频观看法

连续不断地看电视剧和动画对健康很不好,因为你必须连续坐上好几个小时。那么能否以健康的方式享受视频观看服务呢?

有的!那就是边运动边看。**具体来说,就是健身房里的跑步机。你可以在那上面边慢跑边看视频。**"跑步机 × 视频"有很多优点。最好的一点就是可以让我们**一边享受快乐一边增加锻炼时间。**在跑步机上"走路"或者"跑步"60 分钟是个相当大的挑战。

我讨厌单调的运动,最多运动 30 分钟就到极限了。然而,通过观看那些令人上瘾的电视剧和动画片可以轻松增加运动时间。

比如说《银河英雄传说》的动画。除去开头和结尾,大概有 20 分钟左右的主线故事。我们可以试着一边跑步一边看。看完一集后,无论如何都会想看下一集,于是还会有下一个 20 分钟的跑步时间。

等察觉到累时,60 分钟已经过去了。**仅仅通过欣赏动画片,你就可以轻松地完成 60 分钟的步行,完全不觉得痛苦!** 这真是太厉害了。事实上，我通过这种方式在跑步机上看完了110集的《银河英雄传说》。使用了110集乘以20分钟的时间来运动，这也意味着我有37个小时的时间是一边运动一边开心地看视频的。

需要遵守的规则只有一个。一旦你定了某部动漫为"跑步专用"，就决不能在跑步机之外的地方看那部作品。否则，你就会在回家躺下时继续看下去。

超过100集的动画还有很多，但在家里看这些动画很容易上瘾，可能导致"睡眠不足"和"运动缺乏"。这不仅是在浪费时间，甚至对健康也有很大的危害。

像这样将运动和看视频结合起来的"运动视频观看法"，可以用真正的"健康娱乐"取代不健康的视频观看习惯。

限制法 6
在一集的中间"停止"

很多剧集确实制作精良，但因为太有趣了反而带给人困扰。而且当看到一集结束时，视频网站还会自动开始播放下一集。这更加让人欲罢不能。

即使是那些意志力相当不错的人，也很难在这几秒钟内坚定地按下"停止"键。这是因为每一集的最后10分钟往往安排的都是刺激多巴胺分泌的桥段，有让人欲罢不能的悬念。

事实上，这些剧集曾多次让我陷入睡眠不足的状态，令我苦不堪言。因此，我发现了一个在剧集中间逃离视频的方法。**那就**

是在一集的中间按下"停止"键。

每一集刚结束时,想要"停止收看"几乎是不可能的。但是在一集的中间,也就是剧集开始后的15分钟左右,会有一个节点是之前的情节刚告一段落,即将切换到下一个情节。或者可能有一个低调的场景来进行角色塑造。**令人上瘾的电视剧是看不完的。我们之所以要在一集的中间停下来,就是为了防止沉迷其中不可自拔。**

我是一个电影和动画迷,它们是我日常生活中不可或缺的一部分。但正是因为对它们的喜爱,让我觉得一口气看完,带着熬夜的困倦去观看,是对导演和制片人的不尊重。

每天享受两部剧集(总时长两小时),一周就可以看完一个单位(10~12集)。这样你就可以拥有"完美的一周"和"巅峰快乐"。一部一部不慌不忙地看,这样才可以长期享受它,而不会上瘾。

这同样适用于其他形式的娱乐。**通过在一定程度的"限制",你可以真正享受它们而不是上瘾。**不仅是刷视频,还有许多人沉迷于智能手机和游戏之中。我由衷地希望大家能参考上面的例子来制定自己的规则,探索如何一边限制自己一边享受的方法。

玩的诀窍 7 　　健康长寿，快乐生活

活到老，玩到老

和 50~60 岁的人交流时，经常会听到"退休后希望悠闲度日""想提前退休，过悠然自得的生活"这样的话。退休前努力工作，退休后优哉游哉。很多人都是这么计划自己的晚年生活，但这种生活方式并不值得推荐。

最近有研究表明，"退休"很不利于健康，会提高阿尔茨海默病的发病风险。**还有数据显示，退休可能会缩短 5 年的寿命。** 退休年龄越高，罹患阿尔茨海默病的风险越低。也就是说，提前退休会增加患上阿尔茨海默病风险。即使想着"期待退休然后过上悠然自得的生活"，但在退休的瞬间可能一下子就变老了，并深受生活习惯病、阿尔茨海默病的困扰。很多人真正退休后与其说是"悠然自得"，不如说是陷入了"与病魔抗争的生活"。

孤独就是"孤毒"

首先，退休容易陷入运动不足的状态，而且与人交流的时间大幅减少，"对大脑的刺激"也随之减退，很容易陷入孤独之中。孤独者与不孤独者，死亡率相差 2.3 ~ 2.8 倍，患心脏疾病的概率相差 1.3 倍，患阿尔茨海默病的风险则是相差 2.1 倍，认知功能的衰退差异是 1.2 倍。除此之外，患上抑郁症的风险是 2.7 倍，起自杀念头的概率是 3.9 倍，说明孤独对人的心理也有不良影响。

即使是与家人同居,也还是有可能因"疏远感"而感到孤独。如果认为"住在儿子家受到孩子们的照顾,感到很不好意思"的话,无疑又给自己施加了压力。这样说来,所谓"退休之后,颐养天年"不过是"画大饼"罢了。

与社会有联系

在美国的一项研究中,**调查了 100 岁以上长寿者的共同点,结果显示,其中大部分人现在都在持续工作或停止工作不久。**

美国很多老年人也仍在工作。去超市也能看到 80 岁左右的老年人在收银台工作。但是,到了七八十岁仍全职工作的话,很多人都会觉得"每天忙忙碌碌的很辛苦"。其次,"最好不要退休"是指"最好不要完全退休",并不是说要承担全职工作,每天朝九晚五一直工作到 80 岁。

只要持续工作,哪怕每周只工作一天半天就可以防止"运动不足"和"孤独"。**重要的是要保持与社会接轨**,继续"参与"到社会之中。

"工作"是对公司的贡献,同时也是"对社会的贡献""对他人的贡献"。完全退休,有的人会感觉"对国家有愧""成为社会的负担",自我肯定感大幅度下降,心理也会产生问题。

自己的存在对别人有用!这叫"自我效能感",是"自我肯定感"的一个

要素。工作会维持"自我效能感",这会让人积极向前。所以,不要局限于上班一条路,做做"志愿者活动"也能达到效果。

虽然说"尽量不要退休",但是在退休后,在相关公司能得到"顾问"这样高待遇岗位的人很少,对大部分人来说,过了65岁就很难找到愿意雇佣自己的公司。

因此,**退休之后还可以通过"兴趣""游戏"来预防"运动不足""孤独"**。其结果与预防生活习惯病和阿尔茨海默病紧密相关。

退休之后,也就是超过60~65岁之后,很难从零开始培养新的兴趣。

例如,退休之后,第一次开始尝试象棋,虽说加入了象棋俱乐部,但自己完全是个65岁的初学者。相比之下,十几二十岁的年轻人比自己强得多,所以不仅仅是会感到"没劲头",自尊心也会受伤。所以对于老年人而言,退休后从零开始初学,到大致学会成为熟手并不是件简单的事情。

但是,**人脑"曾经学会的技能"是可以在短时间内恢复的**。也就是常说的"找回手感"。因此,年轻的时候稍微下过一点儿象棋的人,经过20年左右的空白期,退休后又开始下象棋的话,没几个月,就能找回手感,可以开始享受其中乐趣。

等退休后再开始"兴趣"和"游戏"就晚了。为了准备退休,就要提前培养。而且在自由时间里,就应尽情享受。

老年人"没有兴趣"是非常危险的。退休后,只沉迷电视和酒,这样最终只会导致阿尔茨海默病。也许现在的你觉得自己还"年轻"所以没关系、不在意,但其实这个回答并没有那么令人放心。**你的父母有热衷的爱好吗?** 你每个月或者每周都去兴趣小组吗?如果在家里"边喝啤酒边看电视"就是你唯一的爱好的话,那么即使是年轻人,同样是非常危险的。

父母患阿尔茨海默病时要去看护的是"你",年老时,因为缺乏爱好而无所事事的也是"你",所以最好现在就开始确认自己父母是否有"热衷的爱好"。

接下来说说老年人该怎么"玩"。

老年人的玩法
第1位 运动,让身体动起来

推荐给老年人的游戏,**第一名毫无疑问肯定是"运动"。一天散步20分钟左右,可以将阿尔茨海默病的风险减少到原来的二分之一或三分之一。运动是预防痴呆的最好方法。**

一天散步20分钟就够了。因此,我推荐的是所有运动中最简单易行的"早上散步"。你可能会想"一天散步20分钟不是谁都在做吗?"但是老年人要是"膝盖痛""腰痛"的话,就会变得说什么都不愿意出门。

每周只外出一两次的老年人,明显运动不足,这样很容易得阿尔茨海默病。**因此可以把"20分钟的散步"改成"20分钟以上的外出"。**

在老年人也能做的游戏类运动中,我推荐的是"跳舞"。有交际舞这样难度的舞蹈,也有配合民谣舞动的民族舞、草裙舞,或者健身房的健美操、舞步类项目。

学舞蹈必须记住新的动作,另外,双手、双脚都要做不同的动作。因为每个节拍都要做不一样的动作,对大脑而言称得上是一个终极锻炼。

"运动 × 脑锻炼"被称为双任务训练,作为阿尔茨海默病的预防方法之一在精神医学界中备受瞩目。

除此之外,"郊游"也是个不错的选择。以"运动 × 自然"的形式,在自然中,一边感受四季流转一边散步,收获的是压倒性的快乐与"感动"。

一整天都在郊游路上的话,运动量还是相当大的,因此我们可以根据体力和年龄规划路线及距离,避免一些较难的运动。**夫妻、朋友结伴而行就会有说不完的话,同时还能起到类似于催产素的效果。**总的来说好处良多。

我祖母的妹妹夫妇二人都已经九十多岁了,相当长寿。以前,我问他们健康的秘诀时,他们回答"夫妇每周一起去郊游"。虽然最近好像爬山有些力不从心,但是听说他们每天仍会选择去有美丽自然风光的道路上散步。

老年人的玩法
第2位 输出(主动式休闲、输出型娱乐)

有相关研究以"阿尔茨海默病患者"和"非阿尔茨海默病患者"的兴趣、日常生活、习惯为对象开展了调查统计,发现**"非阿尔茨海默病患者"的老人一直坚持的习惯中,占比最多的**

还是"运动"。

从"兴趣"的分类来看,还有"象棋、国际象棋""乐器演奏""读书"等。这些都相当于契克森米哈赖所说的"能动式休闲"。

另外,"写诗、短歌、俳句"等也不错。这也是"能动式休闲",是"写"的输出。这种"写"的输出,非常有助于激发大脑活性。

其次就是活动手指。精细的手工操作可以活跃大脑,因此,手工艺、刺绣、缝纫、烹饪或者制作模型、DIY(手工制作)、绘画、书法等也是个不错的选择。

这些的共通点就是("写"或者"制作"作品的)输出,即所谓"创作"(刺激创造性)的要素。并非"单纯的重复做同样的工作"而是进行"复杂工作的组合"。而且,如果熟练的话就会变得得心应手,自我能力也会随之提升。

相反,不太推荐的是拼图(纵横字谜、数独等)。虽然这些都是科学研究热门对象,也的确有促进脑部血液循环、活跃大脑等好处,但也有不少研究提出了这样做对"预防痴呆""并无明显优势"。

如果是为了预防阿尔茨海默病而每天做 30 分钟解谜题目的话,还不如散步 30 分钟。当然,玩拼图确实很开心,如果是抱着"享受"的目的的话,多做点儿也无妨。这总比漫不经心地盯着电视更能激活大脑吧。

老年人的玩法

第3位　一起来，预防孤独

退休有害健康。其两大理由是"运动不足"和"孤独"。也就是说，"与人见面"可以缓解孤独（"孤毒"）的毒性。"交流"就是孤独的解毒剂。在现实中见面、对话、互相了解是很重要的。

首先推荐的是"运动"和"兴趣"，比起一个人做，"大家一起做"更重要。

例如，"写诗"对锻炼大脑有着很好的效果，但是要是一个人一味地独自创作俳句，对缓解孤独是没有任何好处的。进入俳句社团，每周发表一次俳句，互相交流，结束后，和合得来的朋友在咖啡厅聊天也不错吧。

这样一来，就会分泌出大量的催产素。其结果，无论是"游戏"锻炼脑的效果，还是预防孤独的效果，都能增强好几倍。或者，徒步旅行也是很好的运动，但是比起一个人去，和伴侣、朋友一起去的话效果会更好。

总的来说，就算拥有一些大脑锻炼效果显著的兴趣以及娱乐，但只是闷在家中，不与人交流，每天一个人懒散度日的话，这样的娱乐其实可以说并无益处。

玩的诀窍 8 边玩边挣钱,其乐大于天

挣钱

通过"玩"能否获得收入呢?

很多书都会建议我们"做喜欢的事""用爱好来创业"。另外,也经常在网上看到反对意见,认为不可能把"喜欢的事情"或者"爱好"当成工作。

自2009年以来,我一直在运营一个名为"Web(网络)心理补习班"的在线社区,人们可以在这里学习如何在互联网上发布信息、资讯。现在已经是第13年了,总共已经教过了3 000多名学生。

最近线上聚会非常流行,但在刚开始的时候,能够让大家线上聚会的网上社区非常少,所以我认为"Web心理补习班"可以说是最早的网上社区之一。

总之,随着持续输出观点,增加流量和关注,你的收入也会成比例增加。推特、脸书、博客、网络杂志、视频网站等社交平台都是如此。

"你传递的信息规模越大,收入就越多。"这一点是毋庸置疑的。

信息传递的内容如果是"商业"相关的话,就更容易赚到钱。但即使是"娱乐"或"爱好"的内容,只要有足够多的人关

注你，阅读你的文章并观看你的视频，就可以得到非常可观的收入。如果你的关注量不多，可能每月只能赚个几万日元，但如果有很多关注，每月赚50万日元，甚至100万日元都并非不可能。

用"玩"赚钱的诀窍

当然，你的内容质量也很重要，因为如果发布的都是"无聊的内容"，那么就不会获得更多的关注量。

如今各种视频平台已经风靡全球，也有很多人注重的并非"内容质量"，而是"人设""外在""闲聊"等标签。因此，并不是"内容质量不高"就完全赚不到钱。

当然，竞争对手很多，所以"娱乐收益化"也绝非易事。**但你也必须稳定地加强内容质量。如果是博客，就增加文章的数量；如果是视频网站，就增加视频的数量。随着高质量的"文章""视频"的增加，与之相应的收入也会日益增加。**

再次强调，赚钱并不像许多人想象的那么容易，你至少需要勤勤恳恳地坚持三年。

我的频道"心理医生桦泽紫苑"关注量已经超过了30万。但这是自2014年以来，我花了八年多的时间，每天都在更新视频，总共上传了3500多个视频的成果。

"玩"可以赚到钱吗？结论是肯定的。但收入是否增加，取决于你投入的努力和坚持的时间。这绝非一朝一夕就能达成的目标，需要持之以恒地努力。你可能会在网上看到"三个月赚一百万日元"这样的广告，但这几乎是不可能的。千万不要被这种欺诈广告所迷惑。

如果你以金钱为目标，必将失败

通过"玩"增加收入。很多人想要的是，通过在视频网站上分享爱好，一下就能每月赚个五十万日元！但根据我的经验，**如果你开始就以"金钱"为目的做副业或创业，90%以上都会失败**。这是因为这一动力并不持久。

想通过分享娱乐活动一个月赚五十万日元。由于这种预想的计划收入比你现在的工资都要多得多，你可能会想象离开现在的工作，开始自己的事业。这是一个十分合理的目标，但**赚钱这一动机只是源自多巴胺的分泌，最多只能维持3个月的时间**。

想通过成为网红来挣钱！下定决心后就开始努力，然而，三个月后，来自平台的广告收入只有3000日元。"我每天花四个小时来拍摄和剪辑视频，居然只赚到了3000日元……这还不如在便利店打工工资高。"这时当然会很沮丧。

再听说有些人在三个月内赚到了五万日元，你可能会想"为什么别人可以这么赚钱！"，而变得非常沮丧，但其实这对大部分人而言不太现实。

如果你已经花费数年，上传了数百个高质量的视频，每月赚到50万日元绝非不可能。但如果一开始就跟你说这是"三年"之后的事情，你可能就没有动力在三年内一直坚持做视频了。我在2014年开始每天更新自己的频道，在五年里，上传的视频超过了 1500 个,才在 2019 年达到了 10 万粉丝。

以"快乐"为目的的人才能成功

以"赚钱"为目的的副业和创业往往失败,那么我们应该怎么做呢?其实以"快乐"为目的就可以了。

8 年以来,我每天都更新视频,但从未觉得"艰难""辛苦"。反而每天上传视频的时候,会感受到无法言说的快乐。只要有 1 个人能在观看我的视频时得到心灵、精神上的治愈,我就觉得开心。事实上,评论区里也经常能看到类似"很有参考价值""我也试试看"等积极乐观的留言。

在感受到"快乐"的那个瞬间,大脑会分泌多巴胺,让我们重新充满动力。今天要加油,明天也要加油!让人感觉身体里涌出了源源不断的干劲。这样一来,不管是 1 年还是 3 年,都能乐此不疲地坚持下去。

最后,粉丝数量渐渐增加(因此获得更多动力),不知不觉间,日常做视频的收入已经能超过公司工作的薪水了。

不认同"靠游戏可以获得收益"的人,有可能是在过去有过失败的经验。而且,他本身恐怕是以"赚钱"为目的开始副业或创业的。

越是想着"要赚钱",往往离赚钱越远。

越是想着"快乐",越是

能够没有痛苦地每天坚持，抱着"娱乐"的心态上传视频作品，获得巨大的收益。

有众多方法可以使"娱乐"变现

幸运的是，如今这个时代，想使"玩"变现非常容易。大约10年前，想要通过发布信息来获取收益，除了给自己的生意引流，售卖自己的商品与服务之外，几乎只剩在搜索引擎上打广告这一条途径。

不过，**如今有了"视频网站"。**

在视频网站上，随着视频播放次数的增加，广告收入也会相应增长。无须考虑如何变现的难题，只需做出"有趣的视频""有用的视频"上传即可。这是将"玩"变现最简单的办法。

此外，也可以尝试电子书。

比如，我于2021年11月在亚马逊上出版了一本名为《新世纪福音战士心理学》的电子书。也许有人会认为，"因为桦泽是畅销书作家，才可以出版电子书"，但事实上，只要使用相应服务，所有人都可以快速出版并售卖自己的电子书。

当然，并不是说只要上传了电子书，就能轻轻松松卖出去。但卖卖自己写的"爱好之书"或者自己拍摄的照片做成的"写真集"倒也无伤大雅。

我虽然做着"影评人"的工作，但因为电影类的书籍发行量不高，出版社往往不愿意出版纸质版本。于是，这一次我试着将自己对于"新世纪福音战士"的解读整合成电子书出版。虽谈不上大卖，但也算有些销量。出版这本电子书是为了"让更多的人读到桦泽对电影的解读"，而不是为了"赚钱"，因此想要得到快乐的这一目的也就达成了。

同样，摄影爱好者数量众多。就算想要"靠摄影赚钱"，但摄影技术终究比不上专业的摄影师，因此很难接到摄影的工作。可即便是这样的业余摄影师，也可以**通过将自己拍摄的照片上传到"图片下载网站"来获得收入。**

也许有人会怀疑"靠这种东西也能赚到钱吗？"但在我认识的摄影爱好者中，就有单靠上传图片每月获得10万日元以上收入的人。

只要上传的数量足够多（1000张），每天总会有几个人下载，如此便可持续不断地获得版权收入。

除此之外，还有大量可以把"娱乐"当作副业变现的方法。只不过，大多数人只知道有限的平台，认定"竞争对手太多不会成功"，在行动之前就放弃了。

将"玩"变现的方法数不胜数。只要自己事先好好调查一番，就有可能找到能做的事业。

玩·爱好变现的方法有很多种

- 在博客上发布信息，获得营销和广告收入
- 在视频网站上发布信息，获得广告收入
- 售卖个人出版的电子书
- 将业余时间拍摄的照片放到图片下载网站上售卖

电子商务如同游戏

我开始做电子杂志，并从中获得收入是2004年的事情。只需要坐在自己的书桌前写写文章，就能得到收入。这是不用跟任何人见面，只需要动动指尖，就能赚到钱的方式。

调查基本的信息，开始工作，撰写文章，增加访问量。和RPG（角色扮演）游戏一样，获得的经验值越高，越能击败更强的敌人，获得金币。

电子商务和RPG游戏的不同之处在于，游戏中即使赚到了100万金币也不能转化成现实里的1日元，而电子商务可以赚到实实在在的钱。我想应该有不少人，每天会花上两三个小时来享受游戏的乐趣，所以不妨把电子商务和信息发布当作游戏来玩，想必一年后应该能得到一笔数量不小的副业收入。

一开始没有收入时也许会比较难熬，但只要收入逐渐增长，比起电子游戏，电子商务会显得更加有趣。

对于通过"玩"能否得到收入这一点虽然还有争议，但我们只要**抱着玩的心态从电子商务中得到乐趣就已经足够**。

只需要将你现在每天花在游戏上，花在智能手机上的时间转向电子商务就可以。这其实并不是件很难的事情。

"御宅族"成功的时代

据推测，在 AI 人工智能时代，娱乐产业将会迎来空前发展。实际上，如今使用网飞和亚马逊视频的人数正在飞速增长，娱乐产业正飞速发展。

进入 AI 时代以后，简单重复性劳动和重体力工作等将被机器人取代，人类的空闲时间会大幅增加。**如果 1 天能增加 3 个小时的休闲时间，将这些时间用在"娱乐"和"爱好"上的人也会增加**。每天用于看视频的时间会比以往任何时候都多。与此相应的，对于信息和有趣内容的需求，也会比以往任何时候都强烈。

只不过，没有人想看"空洞的内容"，因此发布信息的"内容密度"十分重要。也就是说，**专业性高、小众，更早了解到大家不知道信息的发烧友会很受欢迎**。简单来说就是御宅族，英文被称作"极客"（geek）。

如今，人们正在寻找那些狂热到被朋友们"嫌弃"的人。在网络世界中，有大量平庸的信息堆积如山，人们渴求那些能提供"挖掘得更深的，更稀有的信息和知识"的"极客"。

例如，我所开设的"Web 心理补习班"里有一位名叫塞基茨巴的学生。他的本职工作是一名巴士司机，他非常喜欢驾驶大型巴士，于是开设了一个名叫"SEKITSUBA（塞基茨巴）巴士司机"的频道。

频道里上传了诸如"【三菱扶桑】巴士司机的巴士测评"此类小众主题的视频。他试驾了各种各样的巴士，对不同巴士操作性能的差异等进行详细的评测。也许有人会认为"这种视频也有人看吗？"，但他的频道里播放数超过10万次的视频比比皆是。

也许在你的周围，并没有人对"大型巴士"感兴趣，但若放眼全日本甚至全世界，则能找到好几十万爱好者。即使是"小众的主题"，访问量也能很高。或者说，**小众发烧友的主题，访问量反而更容易很高。**

AI时代，是御宅族、发烧友成功的时代。迄今为止，你身体中"御宅族""发烧友"的那一部分，可能一直被你隐藏。但现在，你可以将你的"宅属性"在网络上尽情释放，并极有可能由此带来暴涨的人气。**越是御宅族，越应该在网上发布信息，让专注的自娱自乐变现。**

【桦泽的"玩"体验】其四

威士忌

说起关于"玩"的体验。我虽然谈到了"读书"和"电影"的事,但也有人指出:"那几乎都是工作吧?"的确,不读书也就无法"写书",电影也是如此。我既有和电影相关的书出版,也有每天在网络杂志上投稿影评文章,这些都是作为影评人工作的一环。

在此,我想介绍一样与"工作"毫无关系的,能够使我自得其乐的爱好——"威士忌"。

今天写了一万字!在这种努力工作的日子,想要褒奖自己的时刻,我会为了犒劳自己,喝上一杯高级威士忌。那一刻,便是极致享受的瞬间,也是无上幸福的时刻,可以说是转换心情最好的方式。喝威士忌对于我来说,绝对可以算是"最棒的放松时刻"。

意识到威士忌魅力的瞬间

一直以来,我都很爱酒吧。进入社会后不久,我就喜欢上了一个人去酒吧,享受独自一人时的感觉。当时我住在北海道,北海道的酒吧里大多喝"鸡尾酒"。在北海道的酒吧,喝不兑水的纯威士忌的人非常稀少。那时我经常喝类似"代基里"的短饮鸡尾酒。

2002 年左右,一位同我一起吃汤咖喱的朋友对我说,"我去了余市酒厂，那里真是太棒了！你一定要去一次试试。"

我知道余市有生产尼卡酒的酒厂，但当时对于威士忌的迷恋还没到这种程度，所以并没有前往余市酒厂的想法。但因为好友这样说，心里也难免有几分好奇，于是，我在下一个周末便迫不及待赶往余市，毕竟从札幌到余市只需 90 分钟的路程。

余市酒厂确实令人惊叹，威士忌竟然是在如此丰富的自然环境中酿造的。从开始酿造到作为商品出售，要经过 10 年以上的时间。这是何等耗费耐心的生意。

但毫无疑问，其中蕴藏着无限的浪漫。

威士忌和人类是一样的！

余市酒厂，参观旅游的最后一站，是一个叫"原酒贩卖所"的地方。里面放着余市的威士忌原酒，"0 年""5 年""10 年""15 年""20 年"，都可以免费试喝！现在想来，真是让人难以置信。

"0 年"的酒即刚刚蒸馏好的新酒。这种酒还未放入酒樽时呈现出透明的颜色。到了第 5 年，酒会变成"淡褐色"，到了第 10 年会变成所谓的"威士忌色"。接着，如果超过了 15 年，酒会变成"浓郁的褐色"。

"0 年酒"的味道相当尖锐。即使是 5 年的酒，味道也很粗糙轻佻。到了 10 年，酒的味道变得平衡且稳定。超过 15 年后，酒的口感则更加成熟，会呈现出一种压倒性的厚重感。

品尝完这些酒后我想到，"**威士忌，和人类是一模一样的**"。5 年的威士忌，就是叛逆期的青少年。10 年的威士忌，则是进入社会不再害羞的二十几岁的年轻人。随着时间的增加，酒越发醇厚，20年的酒便是"深藏不露的老人"了。

通过品尝比较不同年份的酒，我领悟到了威士忌的魅力。

虽然有人坚信长时间熟成的高价威士忌才是"美酒"，但这只是个人喜好而已。酒经过长期熟成后，口感会变得柔软温和，并伴有醇厚的酒香和口味。反过来也可以说，这种酒"缺少刺激性"，同时"尖锐的酒性弱化"了。

就我而言，10年的酒最符合我的口味。"余市10年"是我心中的最佳威士忌。因为它在泥煤（由大量生长于苏格兰北部荒野中名为石楠的野草以及水生植物等炭化而成，威士忌中特有的烟熏香气来源于此）与果香上有着绝妙的平衡。此外，它的价格并没有高得离谱，我认为是性价比最高的酒。可惜如今因为原酒不足已经"停止售卖"，非常可惜。

"对比品尝"便可知晓差别！

自2004年起，我在美国的芝加哥留学了三年，虽然也经常去酒吧，但主要喝啤酒和鸡尾酒。2007年，我从美国回到日本后，一直居住在东京。

在东京，有数量众多的以提供麦芽威士忌为主的"麦芽酒吧"，让人惊讶。我家附近也有一家不错的麦芽酒吧，我是那里的常客，也是在那里，我对威士忌的理解变得更加深刻。可惜的是，那家店如今已经关门。

有一次，我听说有个地方在举办"威士忌酒节"，便前往参加。

虽然实际是所谓的"威士忌展览会",但是只要付上 5000 日元,就可以试喝超过 100 种威士忌。因为实在太过划算,真是让我吓了一跳。

在这次活动中,可以同时对比品尝各个种类的威士忌,所以威士忌之间因地域所造成的不同,或因为储酒用具所导致的差异都变得一目了然。对比品尝后发现差异竟是如此明显,那一瞬间,我对威士忌的迷恋又加深了。

在苏格兰威士忌中,我喜欢的也是带有泥煤味的"艾雷"威士忌。苏格兰的艾雷岛上有 8 家酒厂,将这 8 家酒厂的 8 种酒进行比较品尝后,就能够发现每家酒厂各自的特点,以及酒厂之间的差别。我个人喜欢的是"拉加维林""阿德贝哥"和"拉佛格"。

前往艾雷岛!

迷上了艾雷岛威士忌的我,脑中生出了"想去艾雷岛!"的冲动想法。据说,对于威士忌爱好者来说,最大的梦想就是参加每年在艾雷岛举办的"艾雷威士忌酒节"。既然要去艾雷岛,索性就选"威士忌酒节"的时候去。于是,2009 年 5 月,我去了,因为当时日本国内威士忌并不像现在一般流行,因此参加这个节日的日本人屈指可数。

在那里,我还体验了一次在村上春树的《如果我们的语言是威士忌》中出现的,用生牡蛎搭配博摩尔威士忌的吃法。能在现场吃到艾雷岛当地产的牡蛎,真是让人感动。

左：在阿德贝哥酒厂（艾雷岛，2009 年）
右：在老富特尼酒厂（北部高地，2018 年）

我还与在拉加维林酒厂遇到的荷兰大汉成为朋友，一起参观了酒厂。大雾包裹中的卡尔里拉酒厂如同幻境。在当地的酒吧里，我同艾雷岛的居民交谈。住宿的小旅馆里的人，特意为我做了烧烤，十分热心地招待我，让人记忆深刻。

当时我就觉得，在当地实际体验，看到的东西真是完全不同。

从威士忌等级鉴定考试到威士忌专家

2014 年，因为晨间剧《阿政》的播出，日本国内掀起了空前的威士忌热潮。那个时候，我听说有"威士忌等级鉴定"考试开始举行，便抱着试试自己本事的心态去参加了。

最开始考了"3 级"，半年后是"2 级"，之后又考了"1 级"，就这样一步一步前进。当时 49 岁的我，已经好多年没有进行过以"背诵"为主的学习了。从某种意义上，也算回忆了一下考生时代的感觉，感觉很新鲜，**又一次唤醒了低下的"记忆力"。**

人类大脑的功能如果不经常使用确实会不断地退化。在此之前我一直瞧不上"汉检"之类的考试，但在自己尝试之后，发现

"**学习非常有趣！**"，大脑就像被重新激活了一样。

我顺利通过了威士忌等级鉴定的"1级"之后，又了解到还有"威士忌大师"这一资格等级，其中包括了"威士忌能手"和"威士忌专家"资格等级。

因为这个考试一年只举行1次，所以我用了两年的时间，通过了包含有品酒考试这一难关的"威士忌专家"资格等级。"威士忌专家"相当于红酒行业的侍酒师资格等级，在我考试的时候仅有200人取得了这一资格，非常稀有。

了解了威士忌的知识后再来品尝威士忌，会获得完全不同的乐趣。"是因为酿造方式的不同形成了这种香味吗"，类似这样分析口味和香气的事也能做到。

不止威士忌，**随着"知识""信息"的增长，娱乐体验便会加深，得到的乐趣也会变大。**现在有各种各样和爱好相关的"考试"，大家可以试着参加参加，一定可以感受到其中的乐趣。

在某种程度上达到极限后"热情"会冷却

我在2017年取得了"威士忌专家"的资格，然后于2018年8月第2次前往苏格兰旅行，在"北部高地"和"奥克尼群岛"花10天时间游览了7座酒厂。

如今回想起来，当时虽然也有很多像是等不到公车一类的烦心事，但开心的时刻仍是数不胜数，真是如同做梦一般的旅行。奥克尼群岛还拥有众多的古代遗迹，那番绝妙的景色让人感动。

爱好这件事，一旦在某种程度上达到了"极限"，便会冷却下来。最近我已经不会像以前那样每周去酒吧,不断任性地点最新款的酒。因为已经非常了解自己喜爱的口味,所以我会买上一瓶"自己真正喜欢的酒",有时候作为"给自己的褒奖",慢慢地品尝。

也许1瓶价值好几万日元的威士忌显得异常昂贵,但和红酒比较,就显得便宜了。一瓶红酒往往只能倒8杯,而且一旦打开就只能尽快喝完。

而1杯威士忌是30毫升定量,1瓶可以享受25杯。每周喝上1杯,就能享受半年的时间。最近的我越发乐于享受这种"慢悠悠"的节奏了。

"知识"一旦学到手便是能伴随一生的东西。花上几个月的时间集中学习一番,这些知识便能让自己受益一生。如果你找到了自己感兴趣的事物,也请试着彻底深刻地研究一番吧。

尾声

感谢你读到了最后。

作为神经科医生的桦泽紫苑首次撰写的关于"享乐"与"玩"的这本书,和你一开始猜测的风格大不相同吧?

很多人都以工作为"主要",将玩当作"次要"。大家都想着:"只要努力工作,总有一天能够获得成功,变得幸福。"

然而根本误区正在于此。正是"工作第一"这种理念让人们不管怎么辛劳都无法变得"幸福"。这也是为什么日本人的幸福感在主要发达国家中最低,且极易患上心理疾病。

要应对这种情况其实很简单。

让玩成为"主要",工作成为"次要"。从"工作第一"转变为"娱乐第一"即可。只要做到这点,每天便可以增加好几个小时的"快乐""幸福"时间。如此积累上1周、1月、1年、10年、50年,便可以感到"人生的每一天都很快乐""真是幸福的一生"。

几个小时可能要求有点高,**但其实1天只要有15分钟"真正快乐的时间",你的幸福感也能切实地提高不少。**

享受今天,享受当下。让"忍耐""辛苦"全都滚到一边!

当然,在工作的时候,你不可能肆无忌惮地指着领导破口大骂,还是需要收敛的。**不过你大可以在每天5点下班后,成为**

自己的"国王",在自己能够掌控的时间段,随心所欲。在这段"自由的时间"里,尽情地享受快乐,释放压力,好好放松。这不会给任何人添麻烦。

如此,便能重新激活大脑,提升各式各样的技能,获得精神上的安定,改善人际关系。将"工作""情感""健康"这"三方面幸福"全部收入囊中。

许多人认为要想获得幸福,"事业的成功"是不可或缺的。他们在压抑感的笼罩下兢兢业业地工作,加班到精疲力竭,疲劳感不断堆积,睡眠时间更是大大缩水。第二天,在工作上的表现则每况愈下。

陷入这种恶性循环中的人何其之多。

我们可以更多地去玩乐!

不,是应当更多地玩乐!

现代人最需要的,就是"玩",是"享受的时间"。

- 比起"工作","玩"更重要!
- 将"玩"放在比"工作"更优先位置的人才会成功!
- 可以埋头"玩"的人,能够将"三方面幸福"皆收入囊中!
- 人生顺利的最大秘诀是"乐在其中"!

虽然有不少书都提到了"玩"的重要性,但是如此明确地断定"'玩'比'工作'更重要"的书,我还从来没有见到过。

这可能是第一本刨根问底探讨玩的重要性和本质的书。在帮助人们重新思考"工作方式"和"行为方式"的基础上,我们打算让这本书成为一本真正具有革新意义的书。

"没有时间""没有钱"……别再去找这些"无法玩乐的理由"了。

"玩"与"享受"的必要条件既不是时间也不是金钱。而是所谓的"意识"。 正因为"没有时间""没有钱",才要想方设法去玩!这完全可以从"培育豆苗"或者"给泡面加点儿料"之类的小事开始做起。

我们从小就被"父母"和"老师"们灌输了"要认真学习""只要认真工作,就能得到幸福的人生"的观念。媒体和"社会"也在传播着相同的信息。

但是,果真如此吗?

就名义上的GDP(国内生产总值)来说,日本是"世界经济大国"。也就是说,在经济上极度富足的同时,日本人的幸福感却排在世界第56位(主要发达国家中最低)。

对日本人来说,度过了昭和的经济快速增长时期,接下来经历的是平成年代的泡沫经济破裂和"失去的20年"。**就算天天工作,也得不到幸福!只是在经济上、金钱上富足,是得不到幸福的!**

只要稍微了解一些历史,就能清楚地明白这一点。不过,书上也好,电视上也好,完全见不到类似主张的身影。

对于那些商业书籍作家、经济顾问、大型企业的经营者来说,"就算天天工作,也得不到幸福"的论调是"自我否定"的行为。因此即使他们内心已经认识到了这一点，也绝不会将这一想法说出口。

因为我是"神经科医生"，所以才能够坦然说出这一观点。我认为，哪怕只是多向一个人传达那些对精神健康有益的生活方式和工作方式，也是我理所当然的使命。

"就算天天工作，也不会得到幸福！"

"能够沉浸于玩乐当中的人，才能够得到幸福！"

"享受当下的人，才能得到幸福！"

正如本书中多次重复的那样，"玩""享受乐趣"＝"转换心情""释放压力""放松""重新振作"。

因此，只要更多人能够更加擅长"玩""享受乐趣"，心理疾病患者和自杀者的数量肯定会减少的。

希望通过本书，能够哪怕多让一个人意识到"玩"的重要性。即使一天中只有15分钟也足够了，只要增加了"快乐的时间"，因压力喘不过气以及罹患心理疾病的人也一定会减少的。

作为一名神经科医生，这便是我最大的幸福。

神经科医生　桦泽紫苑